I0232656

GEORGIANO
VOCABULÁRIO

PORTUGUÊS BRASILEIRO

PORTUGUÊS GEORGIANO

Para alargar o seu léxico e apurar
as suas competências linguísticas

5000 palavras

Vocabulário Português Brasileiro-Georgiano - 5000 palavras

Por Andrey Taranov

Os vocabulários da T&P Books destinam-se a ajudar a aprender, a memorizar, e a rever palavras estrangeiras. O dicionário é dividido em temas, cobrindo todas as principais esferas de atividades quotidianas, negócios, ciência, cultura, etc.

O processo de aprendizagem, utilizando os dicionários baseados em temáticas da T&P Books dá-lhe as seguintes vantagens:

- Informação de origem corretamente agrupada predetermina o sucesso em fases subsequentes da memorização de palavras
- Disponibilização de palavras derivadas da mesma raiz, o que permite a memorização de unidades de texto (em vez de palavras separadas)
- Pequenas unidades de palavras facilitam o processo de estabelecimento de vínculos associativos necessários para a consolidação do vocabulário
- O nível de conhecimento da língua pode ser estimado pelo número de palavras aprendidas

T&P Books Publishing
www.tpbooks.com

ISBN: 978-1-78767-369-4

Este livro também está disponível em formato E-book.
Por favor visite www.tpbooks.com ou as principais livrarias on-line.

VOCABULÁRIO GEORGIANO
palavras mais úteis

Os vocabulários da T&P Books destinam-se a ajudar a aprender, a memorizar, e a rever palavras estrangeiras. O vocabulário contém mais de 5000 palavras de uso comum organizadas tematicamente.

O vocabulário contém as palavras mais comummente usadas

Recomendado como adicional para qualquer curso de línguas

Satisfaz as necessidades dos iniciados e dos alunos avançados de línguas estrangeiras

Conveniente para o uso diário, sessões de revisão e atividades de auto-teste

Permite avaliar o seu vocabulário

Características especias do vocabulário

*   As palavras estão organizadas de acordo com o seu significado, e não por ordem alfabética
*   As palavras são apresentadas em três colunas para facilitar os processos de revisão e auto-teste
*   As palavras compostas são divididas em pequenos blocos para facilitar o processo de aprendizagem
*   O vocabulário oferece uma transcrição simples e adequada de cada palavra estrangeira

O vocabulário contém 155 tópicos incluindo:

Conceitos básicos, Números, Cores, Meses, Estações do ano, Unidades de medida, Roupas & Acessórios, Alimentos & Nutrição, Restaurante, Membros da Família, Parentes, Caráter, Sentimentos, Emoções, Doenças, Cidade, Passeios, Compras, Dinheiro, Casa, Lar, Escritório, Trabalho no Escritório, Importação & Exportação, Marketing, Pesquisa de Emprego, Esportes, Educação, Computador, Internet, Ferramentas, Natureza, Países, Nacionalidades e muito mais ...

TABELA DE CONTEÚDOS

Guia de pronunciação 9
Abreviaturas 10

CONCEITOS BÁSICOS 11
Conceitos básicos. Parte 1 11

1. Pronomes 11
2. Cumprimentos. Saudações. Despedidas 11
3. Como se dirigir a alguém 12
4. Números cardinais. Parte 1 12
5. Números cardinais. Parte 2 13
6. Números ordinais 14
7. Números. Frações 14
8. Números. Operações básicas 14
9. Números. Diversos 14
10. Os verbos mais importantes. Parte 1 15
11. Os verbos mais importantes. Parte 2 16
12. Os verbos mais importantes. Parte 3 17
13. Os verbos mais importantes. Parte 4 18
14. Cores 18
15. Questões 19
16. Preposições 20
17. Palavras funcionais. Advérbios. Parte 1 20
18. Palavras funcionais. Advérbios. Parte 2 22

Conceitos básicos. Parte 2 24

19. Dias da semana 24
20. Horas. Dia e noite 24
21. Meses. Estações 25
22. Unidades de medida 27
23. Recipientes 28

O SER HUMANO 29
O ser humano. O corpo 29

24. Cabeça 29
25. Corpo humano 30

Vestuário & Acessórios 31

26. Roupa exterior. Casacos 31
27. Vestuário de homem & mulher 31

28. Vestuário. Roupa interior   32
29. Adereços de cabeça   32
30. Calçado   32
31. Acessórios pessoais   33
32. Vestuário. Diversos   33
33. Cuidados pessoais. Cosméticos   34
34. Relógios de pulso. Relógios   35

Alimentação. Nutrição   36

35. Comida   36
36. Bebidas   37
37. Vegetais   38
38. Frutos. Nozes   39
39. Pão. Bolaria   40
40. Pratos cozinhados   40
41. Especiarias   41
42. Refeições   42
43. Por a mesa   43
44. Restaurante   43

Família, parentes e amigos   44

45. Informação pessoal. Formulários   44
46. Membros da família. Parentes   44

Medicina   46

47. Doenças   46
48. Sintomas. Tratamentos. Parte 1   47
49. Sintomas. Tratamentos. Parte 2   48
50. Sintomas. Tratamentos. Parte 3   49
51. Médicos   50
52. Medicina. Drogas. Acessórios   50

HABITAT HUMANO   51
Cidade   51

53. Cidade. Vida na cidade   51
54. Instituições urbanas   52
55. Sinais   53
56. Transportes urbanos   54
57. Turismo   55
58. Compras   56
59. Dinheiro   57
60. Correios. Serviço postal   58

Moradia. Casa. Lar   59

61. Casa. Eletricidade   59

62. Moradia. Mansão   59
63. Apartamento   59
64. Mobiliário. Interior   60
65. Quarto de dormir   61
66. Cozinha   61
67. Casa de banho   62
68. Eletrodomésticos   63

ATIVIDADES HUMANAS   64
Emprego. Negócios. Parte 1   64

69. Escritório. O trabalho no escritório   64
70. Processos negociais. Parte 1   65
71. Processos negociais. Parte 2   66
72. Produção. Trabalhos   67
73. Contrato. Acordo   68
74. Importação & Exportação   69
75. Finanças   69
76. Marketing   70
77. Publicidade   70
78. Banca   71
79. Telefone. Conversação telefônica   72
80. Telefone móvel   72
81. Estacionário   73
82. Tipos de negócios   73

Emprego. Negócios. Parte 2   76

83. Espetáculo. Feira   76
84. Ciência. Investigação. Cientistas   77

Profissões e ocupações   79

85. Procura de emprego. Demissão   79
86. Gente de negócios   79
87. Profissões de serviços   80
88. Profissões militares e postos   81
89. Oficiais. Padres   82
90. Profissões agrícolas   82
91. Profissões artísticas   83
92. Várias profissões   83
93. Ocupações. Estatuto social   85

Educação   86

94. Escola   86
95. Colégio. Universidade   87
96. Ciências. Disciplinas   88
97. Sistema de escrita. Ortografia   88
98. Línguas estrangeiras   89

Descanso. Entretenimento. Viagens		91

99.	Viagens		91
100.	Hotel		91

EQUIPAMENTO TÉCNICO. TRANSPORTES		93
Equipamento técnico. Transportes		93

101.	Computador		93
102.	Internet. E-mail		94
103.	Eletricidade		95
104.	Ferramentas		95

Transportes		98

105.	Avião		98
106.	Comboio		99
107.	Barco		100
108.	Aeroporto		101

Eventos		103

109.	Férias. Evento		103
110.	Funerais. Enterro		104
111.	Guerra. Soldados		104
112.	Guerra. Ações militares. Parte 1		105
113.	Guerra. Ações militares. Parte 2		107
114.	Armas		108
115.	Povos da antiguidade		110
116.	Idade média		110
117.	Líder. Chefe. Autoridades		112
118.	Violação da lei. Criminosos. Parte 1		113
119.	Violação da lei. Criminosos. Parte 2		114
120.	Polícia. Lei. Parte 1		115
121.	Polícia. Lei. Parte 2		116

NATUREZA		118
A Terra. Parte 1		118

122.	Espaço sideral		118
123.	A Terra		119
124.	Pontos cardeais		120
125.	Mar. Oceano		120
126.	Nomes de Mares e Oceanos		121
127.	Montanhas		122
128.	Nomes de montanhas		123
129.	Rios		123
130.	Nomes de rios		124
131.	Floresta		124
132.	Recursos naturais		125

A Terra. Parte 2 127

133. Tempo 127
134. Tempo extremo. Catástrofes naturais 128

Fauna 129

135. Mamíferos. Predadores 129
136. Animais selvagens 129
137. Animais domésticos 130
138. Pássaros 131
139. Peixes. Animais marinhos 133
140. Anfíbios. Répteis 133
141. Insetos 134

Flora 135

142. Árvores 135
143. Arbustos 135
144. Frutos. Bagas 136
145. Flores. Plantas 136
146. Cereais, grãos 138

PAÍSES. NACIONALIDADES 139

147. Europa Ocidental 139
148. Europa Central e de Leste 139
149. Países da ex-URSS 140
150. Asia 140
151. América do Norte 141
152. América Central do Sul 141
153. Africa 142
154. Austrália. Oceania 142
155. Cidades 142

GUIA DE PRONUNCIAÇÃO

Letra	Exemplo Georgiano	Alfabeto fonético T&P	Exemplo Português
ა	აკადემია	[a]	chamar
ბ	ბიოლოგია	[b]	barril
გ	გრამატიკა	[g]	gosto
დ	შუალედი	[d]	dentista
ე	ბედნიერი	[ɛ]	mesquita
ვ	ვერცხლი	[v]	fava
ზ	ზარი	[z]	sésamo
თ	თანაკლასელი	[th]	[t] aspirada
ი	ივლისი	[i]	sinônimo
კ	კამა	[k]	aquilo
ლ	ლანგარი	[l]	libra
მ	მარჯვენა	[m]	magnólia
ნ	ნაყინი	[n]	natureza
ო	ოსტატობა	[ɔ]	emboço
პ	პასპორტი	[p]	presente
ჟ	ჟიური	[ʒ]	talvez
რ	რეჟისორი	[r]	riscar
ს	სასმელი	[s]	sanita
ტ	ტურისტი	[t]	tulipa
უ	ურდული	[u]	bonita
ფ	ფაიფური	[ph]	[p] aspirada
ქ	ქალაქი	[kh]	[k] aspirada
ღ	ღილაკი	[ɣ]	agora
ყ	ყინული	[q]	teckel
შ	შედეგი	[ʃ]	mês
ჩ	ჩამჩა	[tʃh]	[tsch] aspirado
ც	ცურვა	[tsh]	[ts] aspirado
ძ	ძიძა	[dz]	pizza
წ	წამწამი	[ts]	tsé-tsé
ჭ	ჭანჭიკი	[tʃ]	Tchau!
ხ	ხარისხი	[h]	[h] suave
ჯ	ჯიბე	[dʒ]	adjetivo
ჰ	ჰოკეჯოხა	[h]	[h] aspirada

ABREVIATURAS
usadas no vocabulário

Abreviaturas do Português

adj	-	adjetivo
adv	-	advérbio
anim.	-	animado
conj.	-	conjunção
desp.	-	esporte
etc.	-	Etcetera
ex.	-	por exemplo
f	-	nome feminino
f pl	-	feminino plural
fem.	-	feminino
inanim.	-	inanimado
m	-	nome masculino
m pl	-	masculino plural
m, f	-	masculino, feminino
masc.	-	masculino
mat.	-	matemática
mil.	-	militar
pl	-	plural
prep.	-	preposição
pron.	-	pronome
sb.	-	sobre
sing.	-	singular
v aux	-	verbo auxiliar
vi	-	verbo intransitivo
vi, vt	-	verbo intransitivo, transitivo
vr	-	verbo reflexivo
vt	-	verbo transitivo

CONCEITOS BÁSICOS

Conceitos básicos. Parte 1

1. Pronomes

eu	მე	me
você	შენ	shen
ele, ela	ის	is
nós	ჩვენ	chven
vocês	თქვენ	tkven
eles, elas	ისინი	isini

2. Cumprimentos. Saudações. Despedidas

Oi!	გამარჯობა!	gamarjoba!
Olá!	გამარჯობათ!	gamarjobat!
Bom dia!	დილა მშვიდობისა!	dila mshvidobisa!
Boa tarde!	დღე მშვიდობისა!	dghe mshvidobisa!
Boa noite!	საღამო მშვიდობისა!	saghamo mshvidobisa!
cumprimentar (vt)	მისალმება	misalmeba
Oi!	სალამი!	salami!
saudação (f)	სალამი	salami
saudar (vt)	მისალმება	misalmeba
Tudo bem?	როგორ ხარ?	rogor khar?
E aí, novidades?	რა არის ახალი?	ra aris akhali?
Tchau! Até logo!	ნახვამდის!	nakhvamdis!
Até breve!	მომავალ შეხვედრამდე!	momaval shekhvedramde!
Adeus!	მშვიდობით!	mshvidobit!
despedir-se (dizer adeus)	გამომშვიდობება	gamomshvidobeba
Até mais!	კარგად!	k'argad!
Obrigado! -a!	გმადლობთ!	gmadlobt!
Muito obrigado! -a!	დიდი მადლობა!	didi madloba!
De nada	არაფრის	arapris
Não tem de quê	მადლობად არ ღირს	madlobad ar ghirs
Não foi nada!	არაფრის	arapris
Desculpa! -pe!	ბოდიში!	bodishi!
desculpar (vt)	პატიება	p'at'ieba
desculpar-se (vr)	ბოდიშის მოხდა	bodishis mokhda
Me desculpe	ბოდიში	bodishi
Desculpe!	მაპატიეთ!	map'at'iet!

perdoar (vt)	პატიება	p'at'ieba
Não faz mal	არა უშავს.	ara ushavs.
por favor	გეთაყვა	getaqva

Não se esqueça!	არ დაგავიწყდეთ!	ar dagavits'qdet!
Com certeza!	რა თქმა უნდა!	ra tkma unda!
Claro que não!	რა თქმა უნდა, არა!	ra tkma unda, ara!
Está bem! De acordo!	თანახმა ვარ!	tanakhma var!
Chega!	საკმარისია!	sak'marisia!

3. Como se dirigir a alguém

senhor	ბატონო	bat'ono
senhora	ქალბატონო	kalbat'ono
senhorita	ქალიშვილო	kalishvilo
jovem	ახალგაზრდავ	akhalgazrdav
menino	ბიჭი	bich'i
menina	გოგო	gogo

4. Números cardinais. Parte 1

zero	ნული	nuli
um	ერთი	erti
dois	ორი	ori
três	სამი	sami
quatro	ოთხი	otkhi

cinco	ხუთი	khuti
seis	ექვსი	ekvsi
sete	შვიდი	shvidi
oito	რვა	rva
nove	ცხრა	tskhra

dez	ათი	ati
onze	თერთმეტი	tertmet'i
doze	თორმეტი	tormet'i
treze	ცამეტი	tsamet'i
catorze	თოთხმეტი	totkhmet'i

quinze	თხუთმეტი	tkhutmet'i
dezesseis	თექვსმეტი	tekvsmet'i
dezessete	ჩვიდმეტი	chvidmet'i
dezoito	თვრამეტი	tvramet'i
dezenove	ცხრამეტი	tskhramet'i

vinte	ოცი	otsi
vinte e um	ოცდაერთი	otsdaerti
vinte e dois	ოცდაორი	otsdaori
vinte e três	ოცდასამი	otsdasami

| trinta | ოცდაათი | otsdaati |
| trinta e um | ოცდათერთმეტი | otsdatertmet'i |

| trinta e dois | ოცდათორმეტი | otsdatormet'i |
| trinta e três | ოცდაცამეტი | otsdatsamet'i |

quarenta	ორმოცი	ormotsi
quarenta e um	ორმოცდაერთი	ormotsdaerti
quarenta e dois	ორმოცდაორი	ormotsdaori
quarenta e três	ორმოცდასამი	ormotsdasami

cinquenta	ორმოცდაათი	ormotsdaati
cinquenta e um	ორმოცდათერთმეტი	ormotsdatertmet'i
cinquenta e dois	ორმოცდათორმეტი	ormotsdatormet'i
cinquenta e três	ორმოცდაცამეტი	ormotsdatsamet'i

sessenta	სამოცი	samotsi
sessenta e um	სამოცდაერთი	samotsdaerti
sessenta e dois	სამოცდაორი	samotsdaori
sessenta e três	სამოცდასამი	samotsdasami

setenta	სამოცდაათი	samotsdaati
setenta e um	სამოცდათერთმეტი	samotsdatertmet'i
setenta e dois	სამოცდათორმეტი	samotsdatormet'i
setenta e três	სამოცდაცამეტი	samotsdatsamet'i

oitenta	ოთხმოცი	otkhmotsi
oitenta e um	ოთხმოცდაერთი	otkhmotsdaerti
oitenta e dois	ოთხმოცდაორი	otkhmotsdaori
oitenta e três	ოთხმოცდასამი	otkhmotsdasami

noventa	ოთხმოცდაათი	otkhmotsdaati
noventa e um	ოთხმოცდათერთმეტი	otkhmotsdatertmet'i
noventa e dois	ოთხმოცდათორმეტი	otkhmotsdatormet'i
noventa e três	ოთხმოცდაცამეტი	otkhmotsdatsamet'i

5. Números cardinais. Parte 2

cem	ასი	asi
duzentos	ორასი	orasi
trezentos	სამასი	samasi
quatrocentos	ოთხასი	otkhasi
quinhentos	ხუთასი	khutasi

seiscentos	ექვსასი	ekvsasi
setecentos	შვიდასი	shvidasi
oitocentos	რვაასი	rvaasi
novecentos	ცხრაასი	tskhraasi

mil	ათასი	atasi
dois mil	ორი ათასი	ori atasi
três mil	სამი ათასი	sami atasi
dez mil	ათი ათასი	ati atasi
cem mil	ასი ათასი	asi atasi

| um milhão | მილიონი | milioni |
| um bilhão | მილიარდი | miliardi |

6. Números ordinais

primeiro (adj)	პირველი	p'irveli
segundo (adj)	მეორე	meore
terceiro (adj)	მესამე	mesame
quarto (adj)	მეოთხე	meotkhe
quinto (adj)	მეხუთე	mekhute
sexto (adj)	მეექვსე	meekvse
sétimo (adj)	მეშვიდე	meshvide
oitavo (adj)	მერვე	merve
nono (adj)	მეცხრე	metskhre
décimo (adj)	მეათე	meate

7. Números. Frações

fração (f)	წილადი	ts'iladi
um meio	ერთი მეორედი	erti meoredi
um terço	ერთი მესამედი	erti mesamedi
um quarto	ერთი მეოთხედი	erti meotkhedi
um oitavo	ერთი მერვედი	erti mervedi
um décimo	ერთი მეათედი	erti meatedi
dois terços	ორი მესამედი	ori mesamedi
três quartos	სამი მეოთხედი	sami meotkhedi

8. Números. Operações básicas

subtração (f)	გამოკლება	gamok'leba
subtrair (vi, vt)	გამოკლება	gamok'leba
divisão (f)	გაყოფა	gaqopa
dividir (vt)	გაყოფა	gaqopa
adição (f)	შეკრება	shek'reba
somar (vt)	შეკრება	shek'reba
adicionar (vt)	მიმატება	mimat'eba
multiplicação (f)	გამრავლება	gamravleba
multiplicar (vt)	გამრავლება	gamravleba

9. Números. Diversos

algarismo, dígito (m)	ციფრი	tsipri
número (m)	რიცხვი	ritskhvi
numeral (m)	რიცხვითი სახელი	ritskhviti sakheli
menos (m)	მინუსი	minusi
mais (m)	პლიუსი	p'liusi
fórmula (f)	ფორმულა	pormula
cálculo (m)	გამოანგარიშება	gamoangarisheba
contar (vt)	დათვლა	datvla

| calcular (vt) | დათვლა | datvla |
| comparar (vt) | შედარება | shedareba |

Quanto, -os, -as?	რამდენი?	ramdeni?
soma (f)	ჯამი	jami
resultado (m)	შედეგი	shedegi
resto (m)	ნაშთი	nashti

alguns, algumas ...	რამდენიმე	ramdenime
pouco (~ tempo)	ცოტაოდენი ...	tsot'aodeni ...
resto (m)	დანარჩენი	danarcheni
um e meio	ერთ-ნახევარი	ert-nakhevari
dúzia (f)	დუჟინი	duzhini

ao meio	შუაზე	shuaze
em partes iguais	თანაბრად	tanabrad
metade (f)	ნახევარი	nakhevari
vez (f)	ჯერ	jer

10. Os verbos mais importantes. Parte 1

abrir (vt)	გაღება	gagheba
acabar, terminar (vt)	დამთავრება	damtavreba
aconselhar (vt)	რჩევა	rcheva
adivinhar (vt)	გამოცნობა	gamotsnoba
advertir (vt)	გაფრთხილება	gaprtkhileba

ajudar (vt)	დახმარება	dakhmareba
almoçar (vi)	სადილობა	sadiloba
alugar (~ um apartamento)	დაქირავება	dakiraveba
amar (pessoa)	სიყვარული	siqvaruli
ameaçar (vt)	დამუქრება	damukreba

anotar (escrever)	ჩაწერა	chats'era
apressar-se (vr)	აჩქარება	achkareba
arrepender-se (vr)	სინანული	sinanuli
assinar (vt)	ხელის მოწერა	khelis mots'era
brincar (vi)	ხუმრობა	khumroba

brincar, jogar (vi, vt)	თამაში	tamashi
buscar (vt)	ძებნა	dzebna
caçar (vi)	ნადირობა	nadiroba
cair (vi)	ვარდნა	vardna
cavar (vt)	თხრა	tkhra
chamar (~ por socorro)	დაძახება	dadzakheba

chegar (vi)	ჩამოსვლა	chamosvla
chorar (vi)	ტირილი	t'irili
começar (vt)	დაწყება	dats'qeba
comparar (vt)	შედარება	shedareba
concordar (dizer "sim")	დათანხმება	datankhmeba

| confiar (vt) | ნდობა | ndoba |
| confundir (equivocar-se) | არევა | areva |

15

conhecer (vt)	ცნობა	tsnoba
contar (fazer contas)	დათვლა	datvla
contar com ...	იმედის ქონა	imedis kona
continuar (vt)	გაგრძელება	gagrdzeleba

controlar (vt)	კონტროლის გაწევა	k'ont'rolis gats'eva
convidar (vt)	მოწვევა	mots'veva
correr (vi)	გაქცევა	gaktseva
criar (vt)	შექმნა	shekmna
custar (vt)	ღირება	ghireba

11. Os verbos mais importantes. Parte 2

dar (vt)	მიცემა	mitsema
dar uma dica	კარნახი	k'arnakhi
decorar (enfeitar)	მორთვა	mortva
defender (vt)	დაცვა	datsva
deixar cair (vt)	ხელიდან გავარდნა	khelidan gavardna

descer (para baixo)	ჩასვლა	chasvla
desculpar-se (vr)	ბოდიშის მოხდა	bodishis mokhda
dirigir (~ uma empresa)	ხელმძღვანელობა	khelmdzghvaneloba
discutir (notícias, etc.)	განხილვა	gankhilva

disparar, atirar (vi)	სროლა	srola
dizer (vt)	თქმა	tkma
duvidar (vt)	დაეჭვება	daech'veba
encontrar (achar)	პოვნა	p'ovna
enganar (vt)	მოტყუება	mot'queba

entender (vt)	გაგება	gageba
entrar (na sala, etc.)	შემოსვლა	shemosvla
enviar (uma carta)	გაგზავნა	gagzavna
errar (enganar-se)	შეცდომა	shetsdoma
escolher (vt)	არჩევა	archeva

esconder (vt)	დამალვა	damalva
escrever (vt)	წერა	ts'era
esperar (aguardar)	ლოდინი	lodini
esperar (ter esperança)	იმედოვნება	imedovneba
esquecer (vt)	დავიწყება	davits'qeba

estudar (vt)	შესწავლა	shests'avla
exigir (vt)	მოთხოვნა	motkhovna
existir (vi)	არსებობა	arseboba
explicar (vt)	ახსნა	akhsna

falar (vi)	ლაპარაკი	lap'arak'i
faltar (a la escuela, etc.)	გაცდენა	gatsdena
fazer (vt)	კეთება	k'eteba
ficar em silêncio	დუმილი	dumili
gabar-se (vr)	ტრაბახი	t'rabakhi
gostar (apreciar)	მოწონება	mots'oneba
gritar (vi)	ყვირილი	qvirili

guardar (fotos, etc.)	შენახვა	shenakhva
informar (vt)	ინფორმირება	inpormireba
insistir (vi)	დაჟინება	dazhineba

insultar (vt)	შეურაცხყოფა	sheuratskhqopa
interessar-se (vr)	დაინტერესება	daint'ereseba
ir (a pé)	სვლა	svla
ir nadar	ბანაობა	banaoba
jantar (vi)	ვახშმობა	vakhshmoba

12. Os verbos mais importantes. Parte 3

ler (vt)	კითხვა	k'itkhva
libertar, liberar (vt)	გათავისუფლება	gatavisupleba
matar (vt)	მოკვლა	mok'vla
mencionar (vt)	ხსენება	khseneba
mostrar (vt)	ჩვენება	chveneba

mudar (modificar)	შეცვლა	shetsvla
nadar (vi)	ცურვა	tsurva
negar-se a ... (vr)	უარის თქმა	uaris tkma
objetar (vt)	წინააღმდეგ ყოფნა	ts'inaaghmdeg qopna

observar (vt)	დაკვირვება	dak'virveba
ordenar (mil.)	ბრძანება	brdzaneba
ouvir (vt)	სმენა	smena
pagar (vt)	გადახდა	gadakhda
parar (vi)	გაჩერება	gachereba

parar, cessar (vt)	შეწყვეტა	shets'qvet'a
participar (vi)	მონაწილეობა	monats'ileoba
pedir (comida, etc.)	შეკვეთა	shek'veta
pedir (um favor, etc.)	თხოვნა	tkhovna
pegar (tomar)	აღება	agheba

pegar (uma bola)	ჭერა	ch'era
pensar (vi, vt)	ფიქრი	pikri
perceber (ver)	შენიშვნა	shenishvna
perdoar (vt)	პატიება	p'at'ieba
perguntar (vt)	კითხვა	k'itkhva

permitir (vt)	ნების დართვა	nebis dartva
pertencer a ... (vi)	კუთვნება	k'utvneba
planejar (vt)	დაგეგმვა	dagegmva
poder (~ fazer algo)	შეძლება	shedzleba
possuir (uma casa, etc.)	ფლობა	ploba

preferir (vt)	მჯობინება	mjobineba
preparar (vt)	მზადება	mzadeba
prever (vt)	გათვალისწინება	gatvalists'ineba
prometer (vt)	დაპირება	dap'ireba
pronunciar (vt)	წარმოთქმა	ts'armotkma
propor (vt)	შეთავაზება	shetavazeba
punir (castigar)	დასჯა	dasja

quebrar (vt)	ტეხა	t'ekha
queixar-se de ...	ჩივილი	chivili
querer (desejar)	ნდომა	ndoma

13. Os verbos mais importantes. Parte 4

ralhar, repreender (vt)	ლანძღვა	landzghva
recomendar (vt)	რეკომენდაციის მიცემა	rek'omendatsiis mitsema
repetir (dizer outra vez)	გამეორება	gameoreba
reservar (~ um quarto)	რეზერვირება	rezervireba
responder (vt)	პასუხის გაცემა	p'asukhis gatsema

rezar, orar (vi)	ლოცვა	lotsva
rir (vi)	სიცილი	sitsili
roubar (vt)	პარვა	p'arva
saber (vt)	ცოდნა	tsodna
sair (~ de casa)	გამოსვლა	gamosvla

salvar (resgatar)	გადარჩენა	gadarchena
seguir (~ alguém)	მიდევნა	midevna
sentar-se (vr)	დაჯდომა	dajdoma
ser necessário	საჭიროება	sach'iroeba

ser, estar	ყოფნა	qopna
significar (vt)	აღნიშვნა	aghnishvna
sorrir (vi)	გაღიმება	gaghimeba
subestimar (vt)	არშეფასება	arshepaseba
surpreender-se (vr)	გაკვირვება	gak'virveba

tentar (~ fazer)	ცდა	tsda
ter (anim.)	ყოლა	qola
ter (inanim.)	ქონა	kona

ter medo	შიში	shishi
tocar (com as mãos)	ხელის ხლება	khelis khleba
tomar café da manhã	საუზმობა	sauzmoba
trabalhar (vi)	მუშაობა	mushaoba
traduzir (vt)	თარგმნა	targmna

unir (vt)	გაერთიანება	gaertianeba
vender (vt)	გაყიდვა	gaqidva
ver (vt)	ხედვა	khedva
virar (~ para a direita)	მობრუნება	mobruneba
voar (vi)	ფრენა	prena

14. Cores

cor (f)	ფერი	peri
tom (m)	ელფერი	elperi
tonalidade (m)	ტონი	t'oni
arco-íris (m)	ცისარტყელა	tsisart'qela
branco (adj)	თეთრი	tetri

preto (adj)	შავი	shavi
cinza (adj)	რუხი	rukhi

verde (adj)	მწვანე	mts'vane
amarelo (adj)	ყვითელი	qviteli
vermelho (adj)	წითელი	ts'iteli

azul (adj)	ლურჯი	lurji
azul claro (adj)	ცისფერი	tsisperi
rosa (adj)	ვარდისფერი	vardisperi
laranja (adj)	ნარინჯისფერი	narinjisperi
violeta (adj)	იისფერი	iisperi
marrom (adj)	ყავისფერი	qavisperi

dourado (adj)	ოქროსფერი	okrosperi
prateado (adj)	ვერცხლისფერი	vertskhlisperi

bege (adj)	ჩალისფერი	chalisperi
creme (adj)	კრემისფერი	k'remisperi
turquesa (adj)	ფირუზისფერი	piruzisperi
vermelho cereja (adj)	ალუბლისფერი	alublisperi
lilás (adj)	ლილისფერი	lilisperi
carmim (adj)	ჟოლოსფერი	zholosperi

claro (adj)	ღია ფერისა	ghia perisa
escuro (adj)	მუქი	muki
vivo (adj)	კაშკაშა	k'ashk'asha

de cor	ფერადი	peradi
a cores	ფერადი	peradi
preto e branco (adj)	შავ-თეთრი	shav-tetri
unicolor (de uma só cor)	ერთფეროვანი	ertperovani
multicolor (adj)	მრავალფეროვანი	mravalperovani

15. Questões

Quem?	ვინ?	vin?
O que?	რა?	ra?
Onde?	სად?	sad?
Para onde?	საად?	sad?
De onde?	საიდან?	saidan?
Quando?	როდის?	rodis?
Para quê?	რისთვის?	ristvis?
Por quê?	რატომ?	rat'om?

Para quê?	რისთვის?	ristvis?
Como?	როგორ?	rogor?
Qual (~ é o problema?)	როგორი?	rogori?
Qual (~ deles?)	რომელი?	romeli?

A quem?	ვის?	vis?
De quem?	ვიზე?	vize?
Do quê?	რაზე?	raze?
Com quem?	ვისთან ერთად?	vistan ertad?

| Quanto, -os, -as? | რამდენი? | ramdeni? |
| De quem? (masc.) | ვისი? | visi? |

16. Preposições

com (prep.)	ერთად	ertad
sem (prep.)	გარეშე	gareshe
a, para (exprime lugar)	-ში	-shi
sobre (ex. falar ~)	შესახებ	shesakheb
antes de ...	წინ	ts'in
em frente de ...	წინ	ts'in

debaixo de ...	ქვეშ	kvesh
sobre (em cima de)	ზემოთ	zemot
em ..., sobre ...	-ზე	-ze
de, do (sou ~ Rio de Janeiro)	-დან	-dan
de (feito ~ pedra)	-გან	-gan

| em (~ 3 dias) | -ში | -shi |
| por cima de ... | -ზე | -ze |

17. Palavras funcionais. Advérbios. Parte 1

Onde?	სად?	sad?
aqui	აქ	ak
lá, ali	იქ	ik

| em algum lugar | სადღაც | sadghats |
| em lugar nenhum | არსად | arsad |

| perto de ... | -თან | -tan |
| perto da janela | ფანჯარასთან | panjarastan |

Para onde?	სად?	sad?
aqui	აქ	ak
para lá	იქ	ik
daqui	აქედან	akedan
de lá, dali	იქიდან	ikidan

| perto | ახლოს | akhlos |
| longe | შორს | shors |

perto de ...	გვერდით	gverdit
à mão, perto	გვერდით	gverdit
não fica longe	ახლო	akhlo

esquerdo (adj)	მარცხენა	martskhena
à esquerda	მარცხნივ	martskhniv
para a esquerda	მარცხნივ	martskhniv

| direito (adj) | მარჯვენა | marjvena |
| à direita | მარჯვნივ | marjvniv |

para a direita	მარჯვნივ	marjvniv
em frente	წინ	ts'in
da frente	წინა	ts'ina
adiante (para a frente)	წინ	ts'in

atrás de ...	უკან	uk'an
de trás	უკნიდან	uk'nidan
para trás	უკან	uk'an

| meio (m), metade (f) | შუა | shua |
| no meio | შუაში | shuashi |

do lado	გვერდიდან	gverdidan
em todo lugar	ყველგან	qvelgan
por todos os lados	გარშემო	garshemo

de dentro	შიგნიდან	shignidan
para algum lugar	სადღაც	sadghats
diretamente	პირდაპირ	p'irdap'ir
de volta	უკან	uk'an

| de algum lugar | საიდანმე | saidanme |
| de algum lugar | საიდანღაც | saidanghats |

em primeiro lugar	პირველ რიგში	p'irvel rigshi
em segundo lugar	მეორედ	meored
em terceiro lugar	მესამედ	mesamed

de repente	უცებ	utseb
no início	თავდაპირველად	tavdap'irvelad
pela primeira vez	პირველად	p'irvelad
muito antes de ...	დიდი ხნით ადრე	didi khnit adre
de novo	ხელახლა	khelakhla
para sempre	სამუდამოდ	samudamod

nunca	არასდროს	arasdros
de novo	ისევ	isev
agora	ახლა	akhla
frequentemente	ხშირად	khshirad
então	მაშინ	mashin
urgentemente	სასწრაფოდ	sasts'rapod
normalmente	ჩვეულებრივად	chveulebrivad

a propósito, ...	სხვათა შორის	skhvata shoris
é possível	შესაძლოა	shesadzloa
provavelmente	ალბათ	albat
talvez	შეიძლება	sheidzleba
além disso, ...	ამას გარდა, ...	amas garda, ...
por isso ...	ამიტომ	amit'om
apesar de ...	მიუხედავად	miukhedavad
graças a ...	წყალობით	ts'qalobit

que (pron.)	რა	ra
que (conj.)	რომ	rom
algo	რაღაც	raghats
alguma coisa	რაიმე	raime

nada	არაფერი	araperi
quem	ვინ	vin
alguém (~ que ...)	ვიღაც	vighats
alguém (com ~)	ვინმე	vinme

ninguém	არავინ	aravin
para lugar nenhum	არსად	arsad
de ninguém	არავისი	aravisi
de alguém	ვინმესი	vinmesi

tão	ასე	ase
também (gostaria ~ de ...)	აგრეთვე	agretve
também (~ eu)	-ც	-ts

18. Palavras funcionais. Advérbios. Parte 2

Por quê?	რატომ?	rat'om?
por alguma razão	რატომღაც	rat'omghats
porque ...	იმიტომ, რომ ...	imit'om, rom ...
por qualquer razão	რატომღაც	rat'omghats

e (tu ~ eu)	და	da
ou (ser ~ não ser)	ან	an
mas (porém)	მაგრამ	magram
para (~ a minha mãe)	-თვის	-tvis

muito, demais	მეტისმეტად	met'ismet'ad
só, somente	მხოლოდ	mkholod
exatamente	ზუსტად	zust'ad
cerca de (~ 10 kg)	თითქმის	titkmis

aproximadamente	დაახლოებით	daakhloebit
aproximado (adj)	დაახლოებითი	daakhloebiti
quase	თითქმის	titkmis
resto (m)	დანარჩენი	danarcheni

cada (adj)	ყოველი	qoveli
qualquer (adj)	ნებისმიერი	nebismieri
muito, muitos, muitas	ბევრი	bevri
muitas pessoas	ბევრნი	bevrni
todos	ყველა	qvela

em troca de ...	ნაცვლად	natsvlad
em troca	ნაცვლად	natsvlad
à mão	ხელით	khelit
pouco provável	საეჭვოა	saech'voa

provavelmente	ალბათ	albat
de propósito	განზრახ	ganzrakh
por acidente	შემთხვევით	shemtkhvevit

muito	ძალიან	dzalian
por exemplo	მაგალითად	magalitad
entre	შორის	shoris

entre (no meio de)	შორის	shoris
tanto	ამდენი	amdeni
especialmente	განსაკუთრებით	gansak'utrebit

Conceitos básicos. Parte 2

19. Dias da semana

segunda-feira (f)	ორშაბათი	orshabati
terça-feira (f)	სამშაბათი	samshabati
quarta-feira (f)	ოთხშაბათი	otkhshabati
quinta-feira (f)	ხუთშაბათი	khutshabati
sexta-feira (f)	პარასკევი	p'arask'evi
sábado (m)	შაბათი	shabati
domingo (m)	კვირა	k'vira

hoje	დღეს	dghes
amanhã	ხვალ	khval
depois de amanhã	ზეგ	zeg
ontem	გუშინ	gushin
anteontem	გუშინწინ	gushints'in

dia (m)	დღე	dghe
dia (m) de trabalho	სამუშაო დღე	samushao dghe
feriado (m)	სადღესასწაულო დღე	sadghesasts'aulo dghe
dia (m) de folga	დასვენების დღე	dasvenebis dghe
fim (m) de semana	დასვენების დღეები	dasvenebis dgheebi

o dia todo	მთელი დღე	mteli dghe
no dia seguinte	მომდევნო დღეს	momdevno dghes
há dois dias	ორი დღის წინ	ori dghis ts'in
na véspera	წინადღეს	ts'inadghes
diário (adj)	ყოველდღიური	qoveldghiuri
todos os dias	ყოველდღიურად	qoveldghiurad

semana (f)	კვირა	k'vira
na semana passada	გასულ კვირას	gasul k'viras
semana que vem	მომდევნო კვირას	momdevno k'viras
semanal (adj)	ყოველკვირეული	qovelk'vireuli
toda semana	ყოველკვირეულად	qovelk'vireulad
duas vezes por semana	კვირაში ორჯერ	k'virashi orjer
toda terça-feira	ყოველ სამშაბათს	qovel samshabats

20. Horas. Dia e noite

manhã (f)	დილა	dila
de manhã	დილით	dilit
meio-dia (m)	შუადღე	shuadghe
à tarde	სადილის შემდეგ	sadilis shemdeg

tardinha (f)	საღამო	saghamo
à tardinha	საღამოს	saghamos

noite (f)	ღამე	ghame
à noite	ღამით	ghamit
meia-noite (f)	შუაღამე	shuaghame

segundo (m)	წამი	ts'ami
minuto (m)	წუთი	ts'uti
hora (f)	საათი	saati
meia hora (f)	ნახევარი საათი	nakhevari saati
quarto (m) de hora	თხუთმეტი წუთი	tkhutmet'i ts'uti
quinze minutos	თხუთმეტი წუთი	tkhutmet'i ts'uti
vinte e quatro horas	დღე-ღამე	dghe-ghame

nascer (m) do sol	მზის ამოსვლა	mzis amosvla
amanhecer (m)	განთიადი	gantiadi
madrugada (f)	ადრიანი დილა	adriani dila
pôr-do-sol (m)	მზის ჩასვლა	mzis chasvla

de madrugada	დილით ადრე	dilit adre
esta manhã	დღეს დილით	dghes dilit
amanhã de manhã	ხვალ დილით	khval dilit

esta tarde	დღეს	dghes
à tarde	სადილის შემდეგ	sadilis shemdeg
amanhã à tarde	ხვალ სადილის შემდეგ	khval sadilis shemdeg

| esta noite, hoje à noite | დღეს საღამოს | dghes saghamos |
| amanhã à noite | ხვალ საღამოს | khval saghamos |

às três horas em ponto	ზუსტად სამ საათზე	zust'ad sam saatze
por volta das quatro	დაახლოებით ოთხი საათი	daakhloebit otkhi saati
às doze	თორმეტი საათისთვის	tormet'i saatistvis

em vinte minutos	ოც წუთში	ots ts'utshi
em uma hora	ერთ საათში	ert saatshi
a tempo	დროულად	droulad

… um quarto para	თხუთმეტი წუთი აკლია	tkhutmet'i ts'uti ak'lia
dentro de uma hora	საათის განმავლობაში	saatis ganmavlobashi
a cada quinze minutos	ყოველ თხუთმეტ წუთში	qovel tkhutmet' ts'utshi
as vinte e quatro horas	დღე-ღამის განმავლობაში	dghe-ghamis ganmavlobashi

21. Meses. Estações

janeiro (m)	იანვარი	ianvari
fevereiro (m)	თებერვალი	tebervali
março (m)	მარტი	mart'i
abril (m)	აპრილი	ap'rili
maio (m)	მაისი	maisi
junho (m)	ივნისი	ivnisi

julho (m)	ივლისი	ivlisi
agosto (m)	აგვისტო	agvist'o
setembro (m)	სექტემბერი	sekt'emberi
outubro (m)	ოქტომბერი	okt'omberi

novembro (m)	ნოემბერი	noemberi
dezembro (m)	დეკემბერი	dek'emberi
primavera (f)	გაზაფხული	gazapkhuli
na primavera	გაზაფხულზე	gazapkhulze
primaveril (adj)	გაზაფხულისა	gazapkhulisa
verão (m)	ზაფხული	zapkhuli
no verão	ზაფხულში	zapkhulshi
de verão	ზაფხულისა	zapkhulisa
outono (m)	შემოდგომა	shemodgoma
no outono	შემოდგომაზე	shemodgomaze
outonal (adj)	შემოდგომისა	shemodgomisa
inverno (m)	ზამთარი	zamtari
no inverno	ზამთარში	zamtarshi
de inverno	ზამთრის	zamtris
mês (m)	თვე	tve
este mês	ამ თვეში	am tveshi
mês que vem	მომდევნო თვეს	momdevno tves
no mês passado	გასულ თვეს	gasul tves
um mês atrás	ერთი თვის წინ	erti tvis ts'in
em um mês	ერთი თვის შემდეგ	erti tvis shemdeg
em dois meses	ორი თვის შემდეგ	ori tvis shemdeg
todo o mês	მთელი თვე	mteli tve
um mês inteiro	მთელი თვე	mteli tve
mensal (adj)	ყოველთვიური	qoveltviuri
mensalmente	ყოველთვიურად	qoveltviurad
todo mês	ყოველ თვე	qovel tve
duas vezes por mês	თვეში ორჯერ	tveshi orjer
ano (m)	წელი	ts'eli
este ano	წელს	ts'els
ano que vem	მომავალ წელს	momaval ts'els
no ano passado	შარშან	sharshan
há um ano	ერთი წლის წინ	erti ts'lis ts'in
em um ano	ერთი წლის შემდეგ	erti ts'lis shemdeg
dentro de dois anos	ორი წლის შემდეგ	ori ts'lis shemdeg
todo o ano	მთელი წელი	mteli ts'eli
um ano inteiro	მთელი წელი	mteli ts'eli
cada ano	ყოველ წელს	qovel ts'els
anual (adj)	ყოველწლიური	qovelts'liuri
anualmente	ყოველწლიურად	qovelts'liurad
quatro vezes por ano	წელიწადში ოთხჯერ	ts'elits'adshi otkhjer
data (~ de hoje)	რიცხვი	ritskhvi
data (ex. ~ de nascimento)	თარიღი	tarighi
calendário (m)	კალენდარი	k'alendari
meio ano	ნახევარი წელი	nakhevari ts'eli
seis meses	ნახევარწელი	nakhevarts'eli

| estação (f) | სეზონი | sezoni |
| século (m) | საუკუნე | sauk'une |

22. Unidades de medida

peso (m)	წონა	ts'ona
comprimento (m)	სიგრძე	sigrdze
largura (f)	სიგანე	sigane
altura (f)	სიმაღლე	simaghle
profundidade (f)	სიღრმე	sighrme
volume (m)	მოცულობა	motsuloba
área (f)	ფართობი	partobi

grama (m)	გრამი	grami
miligrama (m)	მილიგრამი	miligrami
quilograma (m)	კილოგრამი	k'ilogrami
tonelada (f)	ტონა	t'ona
libra (453,6 gramas)	გირვანქა	girvanka
onça (f)	უნცია	untsia

metro (m)	მეტრი	met'ri
milímetro (m)	მილიმეტრი	milimet'ri
centímetro (m)	სანტიმეტრი	sant'imet'ri
quilômetro (m)	კილომეტრი	k'ilomet'ri
milha (f)	მილი	mili

polegada (f)	დუიმი	duimi
pé (304,74 mm)	ფუტი	put'i
jarda (914,383 mm)	იარდი	iardi

| metro (m) quadrado | კვადრატული მეტრი | k'vadrat'uli met'ri |
| hectare (m) | ჰექტარი | hek't'ari |

litro (m)	ლიტრი	lit'ri
grau (m)	გრადუსი	gradusi
volt (m)	ვოლტი	volt'i
ampère (m)	ამპერი	amp'eri
cavalo (m) de potência	ცხენის ძალა	tskhenis dzala

quantidade (f)	რაოდენობა	raodenoba
um pouco de ...	ცოტაოდენი ...	tsot'aodeni ...
metade (f)	ნახევარი	nakhevari

| dúzia (f) | დუჟინი | duzhini |
| peça (f) | ცალი | tsali |

| tamanho (m), dimensão (f) | ზომა | zoma |
| escala (f) | მასშტაბი | massht'abi |

mínimo (adj)	მინიმალური	minimaluri
menor, mais pequeno	უმცირესი	umtsiresi
médio (adj)	საშუალო	sashualo
máximo (adj)	მაქსიმალური	maksimaluri
maior, mais grande	უდიდესი	udidesi

23. Recipientes

pote (m) de vidro	ქილა	kila
lata (~ de cerveja)	ქილა	kila
balde (m)	ვედრო	vedro
barril (m)	კასრი	k'asri
bacia (~ de plástico)	ტაშტი	t'asht'i
tanque (m)	ბაკი	bak'i
cantil (m) de bolso	მათარა	matara
galão (m) de gasolina	კანისტრა	k'anist'ra
cisterna (f)	ცისტერნა	tsist'erna
caneca (f)	კათხა	k'atkha
xícara (f)	ფინჯანი	pinjani
pires (m)	ლამბაქი	lambaki
copo (m)	ჭიქა	ch'ika
taça (f) de vinho	ბოკალი	bok'ali
panela (f)	ქვაბი	kvabi
garrafa (f)	ბოთლი	botli
gargalo (m)	ყელი	qeli
jarra (f)	გრაფინი	grapini
jarro (m)	დოქი	doki
recipiente (m)	ჭურჭელი	ch'urch'eli
pote (m)	ქოთანი	kotani
vaso (m)	ლარნაკი	larnak'i
frasco (~ de perfume)	ფლაკონი	plak'oni
frasquinho (m)	შუშა	shusha
tubo (m)	ტუბი	t'ubi
saco (ex. ~ de açúcar)	ტომარა	t'omara
sacola (~ plastica)	პაკეტი	p'ak'et'i
maço (de cigarros, etc.)	შეკვრა	shek'vra
caixa (~ de sapatos, etc.)	კოლოფი	k'olopi
caixote (~ de madeira)	ყუთი	quti
cesto (m)	კალათი	k'alati

O SER HUMANO

O ser humano. O corpo

24. Cabeça

cabeça (f)	თავი	tavi
rosto, cara (f)	სახე	sakhe
nariz (m)	ცხვირი	tskhviri
boca (f)	პირი	p'iri
olho (m)	თვალი	tvali
olhos (m pl)	თვალები	tvalebi
pupila (f)	გუგა	guga
sobrancelha (f)	წარბი	ts'arbi
cílio (f)	წამწამი	ts'amts'ami
pálpebra (f)	ქუთუთო	kututo
língua (f)	ენა	ena
dente (m)	კბილი	k'bili
lábios (m pl)	ტუჩები	t'uchebi
maçãs (f pl) do rosto	ყვრიმალები	qvrimalebi
gengiva (f)	ღრძილი	ghrdzili
palato (m)	სასა	sasa
narinas (f pl)	ნესტოები	nest'oebi
queixo (m)	ნიკაპი	nik'ap'i
mandíbula (f)	ყბა	qba
bochecha (f)	ლოყა	loqa
testa (f)	შუბლი	shubli
têmpora (f)	საფეთქელი	sapetkeli
orelha (f)	ყური	quri
costas (f pl) da cabeça	კეფა	k'epa
pescoço (m)	კისერი	k'iseri
garganta (f)	ყელი	qeli
cabelo (m)	თმები	tmebi
penteado (m)	ვარცხნილობა	vartskhniloba
corte (m) de cabelo	შეკრეჭილი თმა	shek'rech'ili tma
peruca (f)	პარიკი	p'arik'i
bigode (m)	ულვაშები	ulvashebi
barba (f)	წვერი	ts'veri
ter (~ barba, etc.)	ტარება	t'areba
trança (f)	ნაწნავი	nats'navi
suíças (f pl)	ბაკენბარდები	bak'enbardebi
ruivo (adj)	წითური	ts'ituri
grisalho (adj)	ჭაღარა	ch'aghara

| careca (adj) | მელოტი | melot'i |
| calva (f) | მელოტი | melot'i |

| rabo-de-cavalo (m) | კუდი | k'udi |
| franja (f) | შუბლზე შეჭრილი თმა | shublze shech'rili tma |

25. Corpo humano

| mão (f) | მტევანი | mt'evani |
| braço (m) | მკლავი | mk'lavi |

dedo (m)	თითი	titi
polegar (m)	ცერა თითი	tsera titi
dedo (m) mindinho	ნეკი	nek'i
unha (f)	ფრჩხილი	prchkhili

punho (m)	მუშტი	musht'i
palma (f)	ხელისგული	khelisguli
pulso (m)	მაჯა	maja
antebraço (m)	წინამხარი	ts'inamkhari
cotovelo (m)	იდაყვი	idaqvi
ombro (m)	მხარი	mkhari

perna (f)	ფეხი	pekhi
pé (m)	ტერფი	t'erpi
joelho (m)	მუხლი	mukhli
panturrilha (f)	წვივი	ts'vivi
quadril (m)	თეძო	tedzo
calcanhar (m)	ქუსლი	kusli

corpo (m)	ტანი	t'ani
barriga (f), ventre (m)	მუცელი	mutseli
peito (m)	მკერდი	mk'erdi
seio (m)	მკერდი	mk'erdi
lado (m)	გვერდი	gverdi
costas (dorso)	ზურგი	zurgi
região (f) lombar	წელი	ts'eli
cintura (f)	წელი	ts'eli

umbigo (m)	ჭიპი	ch'ip'i
nádegas (f pl)	დუნდულები	dundulebi
traseiro (m)	საჯდომი	sajdomi

sinal (m), pinta (f)	ხალი	khali
tatuagem (f)	ტატუირება	t'at'uireba
cicatriz (f)	ნაიარევი	naiarevi

Vestuário & Acessórios

26. Roupa exterior. Casacos

roupa (f)	ტანსაცმელი	t'ansatsmeli
roupa (f) exterior	ზედა ტანსაცმელი	zeda t'ansatsmeli
roupa (f) de inverno	ზამთრის ტანსაცმელი	zamtris t'ansatsmeli
sobretudo (m)	პალტო	p'alt'o
casaco (m) de pele	ქურქი	kurki
jaqueta (f) de pele	ჯუბაჩა	jubacha
casaco (m) acolchoado	ყურთუკი	qurtuk'i
casaco (m), jaqueta (f)	ქურთუკი	kurtuk'i
impermeável (m)	ლაბადა	labada
a prova d'água	ულტობი	ult'obi

27. Vestuário de homem & mulher

camisa (f)	პერანგი	p'erangi
calça (f)	შარვალი	sharvali
jeans (m)	ჯინსი	jinsi
paletó, terno (m)	პიჯაკი	p'ijak'i
terno (m)	კოსტიუმი	k'ost'iumi
vestido (ex. ~ de noiva)	კაბა	k'aba
saia (f)	ბოლოკაბა	bolok'aba
blusa (f)	ბლუზა	bluza
casaco (m) de malha	კოფთა	k'opta
casaco, blazer (m)	ჟაკეტი	zhak'et'i
camiseta (f)	მაისური	maisuri
short (m)	შორტი	short'i
training (m)	სპორტული კოსტიუმი	sp'ort'uli k'ost'iumi
roupão (m) de banho	ხალათი	khalati
pijama (m)	პიჟამო	p'izhamo
suéter (m)	სვიტრი	svit'ri
pulôver (m)	პულოვერი	p'uloveri
colete (m)	ჟილეტი	zhilet'i
fraque (m)	ფრაკი	prak'i
smoking (m)	სმოკინგი	smok'ingi
uniforme (m)	ფორმა	porma
roupa (f) de trabalho	სამუშაო ტანსაცმელი	samushao t'ansatsmeli
macacão (m)	კომბინეზონი	k'ombinezoni
jaleco (m), bata (f)	ხალათი	khalati

28. Vestuário. Roupa interior

roupa (f) íntima	საცვალი	satsvali
camiseta (f)	მაისური	maisuri
meias (f pl)	წინდები	ts'indebi

camisola (f)	ღამის პერანგი	ghamis p'erangi
sutiã (m)	ბიუსტჰალტერი	biust'halt'eri
meias longas (f pl)	გოლფი-წინდები	golpi-ts'indebi
meias-calças (f pl)	კოლგოტი	k'olgot'i
meias (~ de nylon)	ყელიანი წინდები	qeliani ts'indebi
maiô (m)	საბანაო კოსტიუმი	sabanao k'ost'iumi

29. Adereços de cabeça

chapéu (m), touca (f)	ქუდი	kudi
chapéu (m) de feltro	ქუდო	kudi
boné (m) de beisebol	ბეისბოლის კეპი	beisbolis k'ep'i
boina (~ italiana)	კეპი	k'ep'i

boina (ex. ~ basca)	ბერეტი	beret'i
capuz (m)	კაპიუშონი	k'ap'iushoni
chapéu panamá (m)	პანამა	p'anama
touca (f)	ნაქსოვი ქუდი	naksovi kudi

lenço (m)	თავსაფარი	tavsapari
chapéu (m) feminino	ქუდი	kudi

capacete (m) de proteção	კასკა	k'ask'a
bibico (m)	პილოტურა	p'ilot'ura
capacete (m)	ჩაფხუტი	chapkhut'i

chapéu-coco (m)	ქვაბ-ქუდა	kvab-kuda
cartola (f)	ცილინდრი	tsilindri

30. Calçado

calçado (m)	ფეხსაცმელი	pekhsatsmeli
botinas (f pl), sapatos (m pl)	ყელიანი ფეხსაცმელი	qeliani pekhsatsmeli
sapatos (de salto alto, etc.)	ტუფლი	t'upli
botas (f pl)	ჩექმები	chekmebi
pantufas (f pl)	ჩუსტები	chust'ebi

tênis (~ Nike, etc.)	ფეხსაცმელი	pekhsatsmeli
tênis (~ Converse)	კედი	k'edi
sandálias (f pl)	სანდლები	sandlebi

sapateiro (m)	მეჩექმე	mechekme
salto (m)	ქუსლი	kusli
par (m)	წყვილი	ts'qvili
cadarço (m)	ზონარი	zonari

amarrar os cadarços	ზონრით შეკვრა	zonrit shek'vra
calçadeira (f)	საშველი	sashveli
graxa (f) para calçado	ფეხსაცმლის კრემი	pekhsatsmlis k'remi

31. Acessórios pessoais

luva (f)	ხელთათმანები	kheltatmanebi
mitenes (f pl)	ხელთათმანი	kheltatmani
cachecol (m)	კაშნი	k'ashni

óculos (m pl)	სათვალე	satvale
armação (f)	ჩარჩო	charcho
guarda-chuva (m)	ქოლგა	kolga
bengala (f)	ხელჯოხი	kheljokhi
escova (f) para o cabelo	თმის ჯაგრისი	tmis jagrisi
leque (m)	მარაო	marao

gravata (f)	ჰალსტუხი	halst'ukhi
gravata-borboleta (f)	პეპელა-ჰალსტუხი	p'ep'ela-halst'ukhi
suspensórios (m pl)	აჭიმი	ach'imi
lenço (m)	ცხვირსახოცი	tskhvirsakhotsi

pente (m)	სავარცხელი	savartskheli
fivela (f) para cabelo	თმის სამაგრი	tmis samagri
grampo (m)	თმის სარჭი	tmis sarch'i
fivela (f)	ბალთა	balta

| cinto (m) | ქამარი | kamari |
| alça (f) de ombro | თასმა | tasma |

bolsa (f)	ჩანთა	chanta
bolsa (feminina)	ჩანთა	chanta
mochila (f)	რუკზაკი	ruk'zak'i

32. Vestuário. Diversos

moda (f)	მოდა	moda
na moda (adj)	მოდური	moduri
estilista (m)	მოდელიერი	modelieri

colarinho (m)	საყელო	saqelo
bolso (m)	ჯიბე	jibe
de bolso	ჯიბისა	jibisa
manga (f)	სახელო	sakhelo
ganchinho (m)	საკიდარი	sak'idari
bragueta (f)	ბარტყი	bart'qi

zíper (m)	ელვა-შესაკრავი	elva-shesak'ravi
colchete (m)	შესაკრავი	shesak'ravi
botão (m)	ღილი	ghili
botoeira (casa de botão)	ჩასაღილავი	chasaghilavi
soltar-se (vr)	მოწყვეტა	mots'qvet'a

costurar (vi)	კერვა	k'erva
bordar (vt)	ქარგვა	kargva
bordado (m)	ნაქარგი	nakargi
agulha (f)	ნემსი	nemsi
fio, linha (f)	ძაფი	dzapi
costura (f)	ნაკერი	nak'eri

sujar-se (vr)	გასვრა	gasvra
mancha (f)	ლაქა	laka
amarrotar-se (vr)	დაჭმუჭნა	dach'much'na
rasgar (vt)	გახევა	gakheva
traça (f)	ჩრჩილი	chrchili

33. Cuidados pessoais. Cosméticos

pasta (f) de dente	კბილის პასტა	k'bilis p'ast'a
escova (f) de dente	კბილის ჯაგრისი	k'bilis jagrisi
escovar os dentes	კბილების გახეხვა	k'bilebis gakhekhva

gilete (f)	სამართებელი	samartebeli
creme (m) de barbear	საპარსი კრემი	sap'arsi k'remi
barbear-se (vr)	პარსვა	p'arsva

sabonete (m)	საპონი	sap'oni
xampu (m)	შამპუნი	shamp'uni

tesoura (f)	მაკრატელი	mak'rat'eli
lixa (f) de unhas	ფრჩხილის ქლიბი	prchkhilis klibi
corta-unhas (m)	ფრჩხილის საკვნეტი	prchkhilis sak'vnet'i
pinça (f)	პინცეტი	p'intset'i

cosméticos (m pl)	კოსმეტიკა	k'osmet'ik'a
máscara (f)	ნიღაბი	nighabi
manicure (f)	მანიკიური	manik'iuri
fazer as unhas	მანიკიურის კეთება	manik'iuris k'eteba
pedicure (f)	პედიკიური	p'edik'iuri

bolsa (f) de maquiagem	კოსმეტიკის ჩანთა	k'osmet'ik'is chanta
pó (de arroz)	პუდრი	p'udri
pó (m) compacto	საპუდრე	sap'udre
blush (m)	ფერი	peri

perfume (m)	სუნამო	sunamo
água-de-colônia (f)	ტუალეტის წყალი	t'ualet'is ts'qali
loção (f)	ლოსიონი	losioni
colônia (f)	ოდეკოლონი	odek'oloni

sombra (f) de olhos	ქუთუთოს ჩრდილი	kututos chrdili
delineador (m)	თვალის ფანქარი	tvalis pankari
máscara (f), rímel (m)	ტუში	t'ushi

batom (m)	ტუშის პომადა	t'uchis p'omada
esmalte (m)	ფრჩხილის ლაქი	prchkhilis laki
laquê (m), spray fixador (m)	თმის ლაქი	tmis laki

desodorante (m)	დეზოდორანტი	dezodorant'i
creme (m)	კრემი	k'remi
creme (m) de rosto	სახის კრემი	sakhis k'remi
creme (m) de mãos	ხელის კრემი	khelis k'remi
creme (m) antirrugas	ნაოჭების საწინააღმდეგო კრემი	naoch'ebis sats'inaaghmdego k'remi
de dia	დღისა	dghisa
da noite	ღამისა	ghamisa
absorvente (m) interno	ტამპონი	t'amp'oni
papel (m) higiênico	ტუალეტის ქაღალდი	t'ualet'is kaghaldi
secador (m) de cabelo	ფენი	peni

34. Relógios de pulso. Relógios

relógio (m) de pulso	საათი	saati
mostrador (m)	ციფერბლატი	tsiperblat'i
ponteiro (m)	ისარი	isari
bracelete (em aço)	სამაჯური	samajuri
bracelete (em couro)	თასმა	tasma
pilha (f)	ბატარეა	bat'area
acabar (vi)	დაჯდომა	dajdoma
trocar a pilha	ბატარეის გამოცვლა	bat'areis gamotsvla
relógio (m) de parede	კედლის საათი	k'edlis saati
ampulheta (f)	ქვიშის საათი	kvishis saati
relógio (m) de sol	მზის საათი	mzis saati
despertador (m)	მაღვიძარა	maghvidzara
relojoeiro (m)	მესაათე	mesaate
reparar (vt)	გარემონტება	garemont'eba

Alimentação. Nutrição

35. Comida

carne (f)	ხორცი	khortsi
galinha (f)	ქათამი	katami
frango (m)	წიწილა	ts'its'ila
pato (m)	იხვი	ikhvi
ganso (m)	ბატი	bat'i
caça (f)	ნანადირევი	nanadirevi
peru (m)	ინდაური	indauri
carne (f) de porco	ღორის ხორცი	ghoris khortsi
carne (f) de vitela	ხბოს ხორცი	khbos khortsi
carne (f) de carneiro	ცხვრის ხორცი	tskhvris khortsi
carne (f) de vaca	საქონლის ხორცი	sakonlis khortsi
carne (f) de coelho	ბოცვერი	botsveri
linguiça (f), salsichão (m)	ძეხვი	dzekhvi
salsicha (f)	სოსისი	sosisi
bacon (m)	ბეკონი	bek'oni
presunto (m)	ლორი	lori
pernil (m) de porco	ბარკალი	bark'ali
patê (m)	პაშტეტი	p'asht'et'i
fígado (m)	ღვიძლი	ghvidzli
guisado (m)	ფარში	parshi
língua (f)	ენა	ena
ovo (m)	კვერცხი	k'vertskhi
ovos (m pl)	კვერცხები	k'vertskhebi
clara (f) de ovo	ცილა	tsila
gema (f) de ovo	კვერცხის გული	k'vertskhis guli
peixe (m)	თევზი	tevzi
mariscos (m pl)	ზღვის პროდუქტები	zghvis p'rodukt'ebi
crustáceos (m pl)	კიბოსნაირნი	k'ibosnairni
caviar (m)	ხიზილალა	khizilala
caranguejo (m)	კიბორჩხალა	k'iborchkhala
camarão (m)	კრევეტი	k'revet'i
ostra (f)	ხამანწკა	khamants'k'a
lagosta (f)	ლანგუსტი	langust'i
polvo (m)	რვაფეხა	rvapekha
lula (f)	კალმარი	k'almari
esturjão (m)	თართი	tarti
salmão (m)	ორაგული	oraguli
halibute (m)	პალტუსი	p'alt'usi
bacalhau (m)	ვირთევზა	virtevza

cavala, sarda (f)	სკუმბრია	sk'umbria
atum (m)	თინუსი	tinusi
enguia (f)	გველთევზა	gveltevza

truta (f)	კალმახი	k'almakhi
sardinha (f)	სარდინი	sardini
lúcio (m)	ქარიყლაპია	kariqlap'ia
arenque (m)	ქაშაყი	kashaqi

pão (m)	პური	p'uri
queijo (m)	ყველი	qveli
açúcar (m)	შაქარი	shakari
sal (m)	მარილი	marili

arroz (m)	ბრინჯი	brinji
massas (f pl)	მაკარონი	mak'aroni
talharim, miojo (m)	ატრია	at'ria

manteiga (f)	კარაქი	k'araki
óleo (m) vegetal	მცენარეული ზეთი	mtsenarueli zeti
óleo (m) de girassol	მზესუმზირის ზეთი	mzesumziris zeti
margarina (f)	მარგარინი	margarini

| azeitonas (f pl) | ზეითუნი | zeituni |
| azeite (m) | ზეითუნის ზეთი | zeitunis zeti |

leite (m)	რძე	rdze
leite (m) condensado	შესქელებული რძე	sheskelebuli rdze
iogurte (m)	იოგურტი	iogurt'i
creme (m) azedo	არაჟანი	arazhani
creme (m) de leite	ნაღები	naghebi

| maionese (f) | მაიონეზი | maionezi |
| creme (m) | კრემი | k'remi |

grãos (m pl) de cereais	ბურღული	burghuli
farinha (f)	ფქვილი	pkvili
enlatados (m pl)	კონსერვები	k'onservebi

flocos (m pl) de milho	სიმინდის ბურბუშელა	simindis burbushela
mel (m)	თაფლი	tapli
geleia (m)	ჯემი	jemi
chiclete (m)	საღეჭი რეზინი	saghech'i rezini

36. Bebidas

água (f)	წყალი	ts'qali
água (f) potável	სასმელი წყალი	sasmeli ts'qali
água (f) mineral	მინერალური წყალი	mineraluri ts'qali

sem gás (adj)	უგაზო	ugazo
gaseificada (adj)	გაზირებული	gazirebuli
com gás	გაზიანი	gaziani
gelo (m)	ყინული	qinuli

com gelo	ყინულით	qinulit
não alcoólico (adj)	უალკოჰოლო	ualk'oholo
refrigerante (m)	უალკოჰოლო სასმელი	ualk'oholo sasmeli
refresco (m)	გამაგრილებელი სასმელი	gamagrilebeli sasmeli
limonada (f)	ლიმონათი	limonati

bebidas (f pl) alcoólicas	ალკოჰოლიანი სასმელები	alk'oholiani sasmelebi
vinho (m)	ღვინო	ghvino
vinho (m) branco	თეთრი ღვინო	tetri ghvino
vinho (m) tinto	წითელი ღვინო	ts'iteli ghvino

licor (m)	ლიქიორი	likiori
champanhe (m)	შამპანური	shamp'anuri
vermute (m)	ვერმუტი	vermut'i

uísque (m)	ვისკი	visk'i
vodca (f)	არაყი	araqi
gim (m)	ჯინი	jini
conhaque (m)	კონიაკი	k'oniak'i
rum (m)	რომი	romi

café (m)	ყავა	qava
café (m) preto	შავი ყავა	shavi qava
café (m) com leite	რძიანი ყავა	rdziani qava
cappuccino (m)	ნაღებიანი ყავა	naghebiani qava
café (m) solúvel	ხსნადი ყავა	khsnadi qava

leite (m)	რძე	rdze
coquetel (m)	კოკტეილი	k'ok't'eili
batida (f), milkshake (m)	რძის კოკტეილი	rdzis k'ok't'eili

suco (m)	წვენი	ts'veni
suco (m) de tomate	ტომატის წვენი	t'omat'is ts'veni
suco (m) de laranja	ფორთოხლის წვენი	portokhlis ts'veni
suco (m) fresco	ახლადგამოწურული წვენი	akhladgamots'uruli ts'veni

cerveja (f)	ლუდი	ludi
cerveja (f) clara	ღია ფერის ლუდი	ghia peris ludi
cerveja (f) preta	მუქი ლუდი	muki ludi

chá (m)	ჩაი	chai
chá (m) preto	შავი ჩაი	shavi chai
chá (m) verde	მწვანე ჩაი	mts'vane chai

37. Vegetais

| vegetais (m pl) | ბოსტნეული | bost'neuli |
| verdura (f) | მწვანილი | mts'vanili |

tomate (m)	პომიდორი	p'omidori
pepino (m)	კიტრი	k'it'ri
cenoura (f)	სტაფილო	st'apilo
batata (f)	კარტოფილი	k'art'opili
cebola (f)	ხახვი	khakhvi

alho (m)	ნიორი	niori
couve (f)	კომბოსტო	k'ombost'o
couve-flor (f)	ყვავილოვანი კომბოსტო	qvavilovani k'ombost'o
couve-de-bruxelas (f)	ბრიუსელის კომბოსტო	briuselis k'ombost'o
brócolis (m pl)	კომბოსტო ბროკოლი	k'ombost'o brok'oli

beterraba (f)	ჭარხალი	ch'arkhali
berinjela (f)	ბადრიჯანი	badrijani
abobrinha (f)	ყაბაყი	qabaqi
abóbora (f)	გოგრა	gogra
nabo (m)	თალგამი	talgami

salsa (f)	ოხრახუში	okhrakhushi
endro, aneto (m)	კამა	k'ama
alface (f)	სალათი	salati
aipo (m)	ნიახური	niakhuri
aspargo (m)	სატაცური	sat'atsuri
espinafre (m)	ისპანახი	isp'anakhi

ervilha (f)	ბარდა	barda
feijão (~ soja, etc.)	პარკები	p'ark'ebi
milho (m)	სიმინდი	simindi
feijão (m) roxo	ლობიო	lobio

pimentão (m)	წიწაკა	ts'its'ak'a
rabanete (m)	ბოლოკი	bolok'i
alcachofra (f)	არტიშოკი	art'ishok'i

38. Frutos. Nozes

fruta (f)	ხილი	khili
maçã (f)	ვაშლი	vashli
pera (f)	მსხალი	mskhali
limão (m)	ლიმონი	limoni
laranja (f)	ფორთოხალი	portokhali
morango (m)	მარწყვი	marts'qvi

tangerina (f)	მანდარინი	mandarini
ameixa (f)	ქლიავი	kliavi
pêssego (m)	ატამი	at'ami
damasco (m)	გარგარი	gargari
framboesa (f)	ჟოლო	zholo
abacaxi (m)	ანანასი	ananasi

banana (f)	ბანანი	banani
melancia (f)	საზამთრო	sazamtro
uva (f)	ყურძენი	qurdzeni
ginja (f)	ალუბალი	alubali
cereja (f)	ბალი	bali
melão (m)	ნესვი	nesvi

toranja (f)	გრეიფრუტი	greiprut'i
abacate (m)	ავოკადო	avok'ado
mamão (m)	პაპაია	p'ap'aia

| manga (f) | მანგო | mango |
| romã (f) | ბროწეული | brots'euli |

groselha (f) vermelha	წითელი მოცხარი	ts'iteli motskhari
groselha (f) negra	შავი მოცხარი	shavi motskhari
groselha (f) espinhosa	ხურტკმელი	khurt'k'meli
mirtilo (m)	მოცვი	motsvi
amora (f) silvestre	მაყვალი	maqvali

passa (f)	ქიშმიში	kishmishi
figo (m)	ლეღვი	leghvi
tâmara (f)	ფინიკი	pinik'i

amendoim (m)	მიწის თხილი	mits'is tkhili
amêndoa (f)	ნუში	nushi
noz (f)	კაკალი	k'ak'ali
avelã (f)	თხილი	tkhili
coco (m)	ქოქოსის კაკალი	kokosis k'ak'ali
pistaches (m pl)	ფსტა	pst'a

39. Pão. Bolaria

pastelaria (f)	საკონდიტრო ნაწარმი	sak'ondit'ro nats'armi
pão (m)	პური	p'uri
biscoito (m), bolacha (f)	ნამცხვარი	namtskhvari

chocolate (m)	შოკოლადი	shok'oladi
de chocolate	შოკოლადისა	shok'oladisa
bala (f)	კანფეტი	k'anpet'i
doce (bolo pequeno)	ტკბილღვეზელა	t'k'bilghvezela
bolo (m) de aniversário	ტორტი	t'ort'i

| torta (f) | ღვეზელი | ghvezeli |
| recheio (m) | შიგთავსი | shigtavsi |

geleia (m)	მურაბა	muraba
marmelada (f)	მარმელადი	marmeladi
wafers (m pl)	ვაფლი	vapli
sorvete (m)	ნაყინი	naqini
pudim (m)	პუდინგი	p'udingi

40. Pratos cozinhados

prato (m)	კერძი	k'erdzi
cozinha (~ portuguesa)	სამზარეულო	samzareulo
receita (f)	რეცეპტი	retsep't'i
porção (f)	ულუფა	ulupa

salada (f)	სალათი	salati
sopa (f)	წვნიანი	ts'vniani
caldo (m)	ბულიონი	bulioni
sanduíche (m)	ბუტერბროდი	but'erbrodi

ovos (m pl) fritos	ერბო-კვერცხი	erbo-k'vertskhi
hambúrguer (m)	ჰამბურგერი	hamburgeri
bife (m)	ბივშტექსი	bivsht'eksi

acompanhamento (m)	გარნირი	garniri
espaguete (m)	სპაგეტი	sp'aget'i
purê (m) de batata	კარტოფილის პიურე	k'art'opilis p'iure
pizza (f)	პიცა	p'itsa
mingau (m)	ფაფა	papa
omelete (f)	ომლეტი	omlet'i

fervido (adj)	მოხარშული	mokharshuli
defumado (adj)	შებოლილი	shebolili
frito (adj)	შემწვარი	shemts'vari
seco (adj)	გამხმარი	gamkhmari
congelado (adj)	გაყინული	gaqinuli
em conserva (adj)	მარინადში ჩადებული	marinadshi chadebuli

doce (adj)	ტკბილი	t'k'bili
salgado (adj)	მლაშე	mlashe
frio (adj)	ცივი	tsivi
quente (adj)	ცხელი	tskheli
amargo (adj)	მწარე	mts'are
gostoso (adj)	გემრიელი	gemrieli

cozinhar em água fervente	ხარშვა	kharshva
preparar (vt)	მზადება	mzadeba
fritar (vt)	შეწვა	shets'va
aquecer (vt)	გაცხელება	gatskheleba

salgar (vt)	მარილის მოყრა	marilis moqra
apimentar (vt)	პილპილის მოყრა	p'ilp'ilis moqra
ralar (vt)	გახეხვა	gakhekhva
casca (f)	ქერქი	kerki
descascar (vt)	ფცქვნა	ptskvna

41. Especiarias

sal (m)	მარილი	marili
salgado (adj)	მლაშე	mlashe
salgar (vt)	მარილის მოყრა	marilis moqra

pimenta-do-reino (f)	პილპილი	p'ilp'ili
pimenta (f) vermelha	წიწაკა	ts'its'ak'a
mostarda (f)	მდოგვი	mdogvi
raiz-forte (f)	პირშუშხა	p'irshushkha

condimento (m)	სანელებელი	sanelebeli
especiaria (f)	სუნელი	suneli
molho (~ inglês)	სოუსი	sousi
vinagre (m)	ძმარი	dzmari

anis estrelado (m)	ანისული	anisuli
manjericão (m)	რეჰანი	rehani

cravo (m)	მიხაკი	mikhak'i
gengibre (m)	კოჭა	k'och'a
coentro (m)	ქინძი	kindzi
canela (f)	დარიჩინი	darichini

gergelim (m)	ქუნჯუტი	kunzhut'i
folha (f) de louro	დაფნის ფოთოლი	dapnis potoli
páprica (f)	წიწაკა	ts'its'ak'a
cominho (m)	კვლიავი	k'vliavi
açafrão (m)	ზაფრანა	zaprana

42. Refeições

| comida (f) | საჭმელი | sach'meli |
| comer (vt) | ჭამა | ch'ama |

café (m) da manhã	საუზმე	sauzme
tomar café da manhã	საუზმობა	sauzmoba
almoço (m)	სადილი	sadili
almoçar (vi)	სადილობა	sadiloba
jantar (m)	ვახშამი	vakhshami
jantar (vi)	ვახშმობა	vakhshmoba

| apetite (m) | მადა | mada |
| Bom apetite! | გაამოთ! | gaamot! |

abrir (~ uma lata, etc.)	გახსნა	gakhsna
derramar (~ líquido)	დაღვრა	daghvra
derramar-se (vr)	დაღვრა	daghvra

ferver (vi)	დუღილი	dughili
ferver (vt)	ადუღება	adugheba
fervido (adj)	ნადუღი	nadughi

| esfriar (vt) | გაგრილება | gagrileba |
| esfriar-se (vr) | გაგრილება | gagrileba |

| sabor, gosto (m) | გემო | gemo |
| fim (m) de boca | გემო | gemo |

emagrecer (vi)	გახდომა	gakhdoma
dieta (f)	დიეტა	diet'a
vitamina (f)	ვიტამინი	vit'amini
caloria (f)	კალორია	k'aloria

| vegetariano (m) | ვეგეტარიანელი | veget'arianeli |
| vegetariano (adj) | ვეგეტარიანული | veget'arianuli |

gorduras (f pl)	ცხიმები	tskhimebi
proteínas (f pl)	ცილები	tsilebi
carboidratos (m pl)	ნახშირწყლები	nakhshirts'qlebi
fatia (~ de limão, etc.)	ნაჭერი	nach'eri
pedaço (~ de bolo)	ნაჭერი	nach'eri
migalha (f), farelo (m)	ნამცეცი	namtsetsi

43. Por a mesa

colher (f)	კოვზი	k'ovzi
faca (f)	დანა	dana
garfo (m)	ჩანგალი	changali
xícara (f)	ფინჯანი	pinjani
prato (m)	თეფში	tepshi
pires (m)	ლამბაქი	lambaki
guardanapo (m)	ხელსახოცი	khelsakhotsi
palito (m)	კბილსაჩიჩქნი	k'bilsachichkni

44. Restaurante

restaurante (m)	რესტორანი	rest'orani
cafeteria (f)	ყავახანა	qavakhana
bar (m), cervejaria (f)	ბარი	bari
salão (m) de chá	ჩაის სალონი	chais saloni
garçom (m)	ოფიციანტი	opitsiant'i
garçonete (f)	ოფიციანტი	opitsiant'i
barman (m)	ბარმენი	barmeni
cardápio (m)	მენიუ	meniu
lista (f) de vinhos	ღვინის ბარათი	ghvinis barati
reservar uma mesa	მაგიდის დაჯავშნა	magidis dajavshna
prato (m)	კერძი	k'erdzi
pedir (vt)	შეკვეთა	shek'veta
fazer o pedido	შეკვეთის გაკეთება	shek'vetis gak'eteba
aperitivo (m)	აპერიტივი	ap'erit'ivi
entrada (f)	საუზმეული	sauzmeuli
sobremesa (f)	დესერტი	desert'i
conta (f)	ანგარიში	angarishi
pagar a conta	ანგარიშის გადახდა	angarishis gadakhda
dar o troco	ხურდის მიცემა	khurdis mitsema
gorjeta (f)	გასამრჯელო	gasamrjelo

Família, parentes e amigos

45. Informação pessoal. Formulários

nome (m)	სახელი	sakheli
sobrenome (m)	გვარი	gvari
data (f) de nascimento	დაბადების თარიღი	dabadebis tarighi
local (m) de nascimento	დაბადების ადგილი	dabadebis adgili
nacionalidade (f)	ეროვნება	erovneba
lugar (m) de residência	საცხოვრებელი ადგილი	satskhovrebeli adgili
país (m)	ქვეყანა	kveqana
profissão (f)	პროფესია	p'ropesia
sexo (m)	სქესი	skesi
estatura (f)	სიმაღლე	simaghle
peso (m)	წონა	ts'ona

46. Membros da família. Parentes

mãe (f)	დედა	deda
pai (m)	მამა	mama
filho (m)	ვაჟიშვილი	vazhishvili
filha (f)	ქალიშვილი	kalishvili
caçula (f)	უმცროსი ქალიშვილი	umtsrosi kalishvili
caçula (m)	უმცროსი ვაჟიშვილი	umtsrosi vazhishvili
filha (f) mais velha	უფროსი ქალიშვილი	uprosi kalishvili
filho (m) mais velho	უფროსი ვაჟიშვილი	uprosi vazhishvili
irmão (m)	ძმა	dzma
irmã (f)	და	da
mamãe (f)	დედა	deda
papai (m)	მამა	mama
pais (pl)	მშობლები	mshoblebi
criança (f)	შვილი	shvili
crianças (f pl)	შვილები	shvilebi
avó (f)	ბებია	bebia
avô (m)	პაპა	p'ap'a
neto (m)	შვილიშვილი	shvilishvili
neta (f)	შვილიშვილი	shvilishvili
netos (pl)	შვილიშვილები	shvilishvilebi
tio (m)	ბიძა	bidza
sogra (f)	სიდედრი	sidedri
sogro (m)	მამამთილი	mamamtili

genro (m)	სიძე	sidze
madrasta (f)	დედინაცვალი	dedinatsvali
padrasto (m)	მამინაცვალი	maminatsvali
criança (f) de colo	ძუძუმწოვარა ბავშვი	dzudzumts'ovara bavshvi
bebê (m)	ჩვილი	chvili
menino (m)	ბიჭუნა	bich'una
mulher (f)	ცოლი	tsoli
marido (m)	ქმარი	kmari
esposo (m)	მეუღლე	meughle
esposa (f)	მეუღლე	meughle
casado (adj)	ცოლიანი	tsoliani
casada (adj)	გათხოვილი	gatkhovili
solteiro (adj)	უცოლშვილო	utsolshvilo
solteirão (m)	უცოლშვილო	utsolshvilo
divorciado (adj)	განქორწინებული	gankorts'inebuli
viúva (f)	ქვრივი	kvrivi
viúvo (m)	ქვრივი	kvrivi
parente (m)	ნათესავი	natesavi
parente (m) próximo	ახლო ნათესავი	akhlo natesavi
parente (m) distante	შორეული ნათესავი	shoreuli natesavi
parentes (m pl)	ნათესავები	natesavebi
órfão (m), órfã (f)	ობოლი	oboli
tutor (m)	მეურვე	meurve
adotar (um filho)	შვილად აყვანა	shvilad aqvana
adotar (uma filha)	შვილად აყვანა	shvilad aqvana

Medicina

47. Doenças

doença (f)	ავადმყოფობა	avadmqopoba
estar doente	ავადმყოფობა	avadmqopoba
saúde (f)	ჯანმრთელობა	janmrteloba
nariz (m) escorrendo	სურდო	surdo
amigdalite (f)	ანგინა	angina
resfriado (m)	გაციება	gatsiveba
ficar resfriado	გაციება	gatsiveba
bronquite (f)	ბრონქიტი	bronkit'i
pneumonia (f)	ფილტვების ანთება	pilt'vebis anteba
gripe (f)	გრიპი	grip'i
míope (adj)	ახლომხედველი	akhlomkhedveli
presbita (adj)	შორსმხედველი	shorsmkhedveli
estrabismo (m)	სიელმე	sielme
estrábico, vesgo (adj)	ელამი	elami
catarata (f)	კატარაქტა	k'at'arakt'a
glaucoma (m)	გლაუკომა	glauk'oma
AVC (m), apoplexia (f)	ინსულტი	insult'i
ataque (m) cardíaco	ინფარქტი	inparkt'i
enfarte (m) do miocárdio	მიოკარდის ინფარქტი	miok'ardis inparkt'i
paralisia (f)	დამბლა	dambla
paralisar (vt)	დამბლის დაცემა	damblis datsema
alergia (f)	ალერგია	alergia
asma (f)	ასთმა	astma
diabetes (f)	დიაბეტი	diabet'i
dor (f) de dente	კბილის ტკივილი	k'bilis t'k'ivili
cárie (f)	კარიესი	k'ariesi
diarreia (f)	დიარეა	diarea
prisão (f) de ventre	კუჭში შეკრულობა	k'uch'shi shek'ruloba
desarranjo (m) intestinal	კუჭის აშლილობა	k'uch'is ashliloba
intoxicação (f) alimentar	მოწამვლა	mots'amvla
intoxicar-se	მოწამვლა	mots'amvla
artrite (f)	ართრიტი	artrit'i
raquitismo (m)	რაქიტი	rakit'i
reumatismo (m)	რევმატიზმი	revmat'izmi
arteriosclerose (f)	ათეროსკლეროზი	aterosk'lerozi
gastrite (f)	გასტრიტი	gast'rit'i
apendicite (f)	აპენდიციტი	ap'enditsit'i

| colecistite (f) | ქოლეცისტიტი | koletsist'it'i |
| úlcera (f) | წყლული | ts'qluli |

sarampo (m)	წითელა	ts'itela
rubéola (f)	წითურა	ts'itura
icterícia (f)	სიყვითლე	siqvitle
hepatite (f)	ჰეპატიტი	hep'at'it'i

esquizofrenia (f)	შიზოფრენია	shizoprenia
raiva (f)	ცოფი	tsopi
neurose (f)	ნევროზი	nevrozi
contusão (f) cerebral	ტვინის შერყევა	t'vinis sherqeva

câncer (m)	კიბო	k'ibo
esclerose (f)	სკლეროზი	sk'lerozi
esclerose (f) múltipla	გაფანტული სკლეროზი	gapant'uli sk'lerozi

alcoolismo (m)	ალკოჰოლიზმი	alk'oholizmi
alcoólico (m)	ალკოჰოლიკი	alk'oholik'i
sífilis (f)	სიფილისი	sipilisi
AIDS (f)	შიდსი	shidsi

tumor (m)	სიმსივნე	simsivne
febre (f)	ციება	tsieba
malária (f)	მალარია	malaria
gangrena (f)	განგრენა	gangrena
enjoo (m)	ზღვის ავადმყოფობა	zghvis avadmqopoba
epilepsia (f)	ეპილეფსია	ep'ilepsia

epidemia (f)	ეპიდემია	ep'idemia
tifo (m)	ტიფი	t'ipi
tuberculose (f)	ტუბერკულოზი	t'uberk'ulozi
cólera (f)	ქოლერა	kolera
peste (f) bubônica	შავი ჭირი	shavi ch'iri

48. Sintomas. Tratamentos. Parte 1

sintoma (m)	სიმპტომი	simp't'omi
temperatura (f)	სიცხე	sitskhe
febre (f)	მაღალი სიცხე	maghali sitskhe
pulso (m)	პულსი	p'ulsi

vertigem (f)	თავბრუსხვევა	tavbruskhveva
quente (testa, etc.)	ცხელი	tskheli
calafrio (m)	შეცივება	shetsieba
pálido (adj)	ფერმიხდილი	permikhdili

tosse (f)	ხველა	khvela
tossir (vi)	ხველება	khveleba
espirrar (vi)	ცხვირის ცემინება	tskhviris tsemineba
desmaio (m)	გულის წასვლა	gulis ts'asvla
desmaiar (vi)	გულის წასვლა	gulis ts'asvla
mancha (f) preta	ლები	lebi
galo (m)	კოპი	k'op'i

machucar-se (vr)	დაჯახება	dajakheba
contusão (f)	დაჟეჟილობა	dazhezhiloba
machucar-se (vr)	დაჟეჟვა	dazhezhva

mancar (vi)	კოჭლობა	k'och'loba
deslocamento (f)	ღრძობა	ghrdzoba
deslocar (vt)	ღრძობა	ghrdzoba
fratura (f)	მოტეხილობა	mot'ekhiloba
fraturar (vt)	მოტეხა	mot'ekha

corte (m)	ჭრილობა	ch'riloba
cortar-se (vr)	გაჭრა	gach'ra
hemorragia (f)	სისხლდენა	siskhldena

queimadura (f)	დამწვრობა	damts'vroba
queimar-se (vr)	დაწვა	dats'va

picar (vt)	ჩხვლეტა	chkhvlet'a
picar-se (vr)	ჩხვლეტა	chkhvlet'a
lesionar (vt)	დაზიანება	dazianeba
lesão (m)	დაზიანება	dazianeba
ferida (f), ferimento (m)	ჭრილობა	ch'riloba
trauma (m)	ტრავმა	t'ravma

delirar (vi)	ბოდვა	bodva
gaguejar (vi)	ბორძიკით ლაპარაკი	bordzik'it lap'arak'i
insolação (f)	მზის დაკვრა	mzis dak'vra

49. Sintomas. Tratamentos. Parte 2

dor (f)	ტკივილი	t'k'ivili
farpa (no dedo, etc.)	ხიწვი	khits'vi

suor (m)	ოფლი	opli
suar (vi)	გაოფლიანება	gaoplianeba
vômito (m)	პირღებინება	p'irghebineba
convulsões (f pl)	კრუნჩხვები	k'runchkhvebi

grávida (adj)	ორსული	orsuli
nascer (vi)	დაბადება	dabadeba
parto (m)	მშობიარობა	mshobiaroba
dar à luz	გაჩენა	gachena
aborto (m)	აბორტი	abort'i

respiração (f)	სუნთქვა	suntkva
inspiração (f)	შესუნთქვა	shesuntkva
expiração (f)	ამოსუნთქვა	amosuntkva
expirar (vi)	ამოსუნთქვა	amosuntkva
inspirar (vi)	შესუნთქვა	shesuntkva

inválido (m)	ინვალიდი	invalidi
aleijado (m)	ხეიბარი	kheibari
drogado (m)	ნარკომანი	nark'omani
surdo (adj)	ყრუ	qru

mudo (adj)	მუნჯი	munji
surdo-mudo (adj)	ყრუ-მუნჯი	qru-munji

louco, insano (adj)	გიჟი	gizhi
louco (m)	გიჟი	gizhi
louca (f)	გიჟი	gizhi
ficar louco	ჭკუაზე შეშლა	ch'k'uaze sheshla

gene (m)	გენი	geni
imunidade (f)	იმუნიტეტი	imunit'et'i
hereditário (adj)	მემკვიდრეობითი	memk'vidreobiti
congênito (adj)	თანდაყოლილი	tandaqolili

vírus (m)	ვირუსი	virusi
micróbio (m)	მიკრობი	mik'robi
bactéria (f)	ბაქტერია	bakt'eria
infecção (f)	ინფექცია	inpektsia

50. Sintomas. Tratamentos. Parte 3

hospital (m)	საავადმყოფო	saavadmqopo
paciente (m)	პაციენტი	p'atsient'i

diagnóstico (m)	დიაგნოზი	diagnozi
cura (f)	მკურნალობა	mk'urnaloba
curar-se (vr)	მკურნალობა	mk'urnaloba
tratar (vt)	მკურნალობა	mk'urnaloba
cuidar (pessoa)	მოვლა	movla
cuidado (m)	მოვლა	movla

operação (f)	ოპერაცია	op'eratsia
enfaixar (vt)	შეხვევა	shekhveva
enfaixamento (m)	სახვევი	sakhvevi

vacinação (f)	აცრა	atsra
vacinar (vt)	აცრის გაკეთება	atsris gak'eteba
injeção (f)	ნემსი	nemsi
dar uma injeção	ნემსის გაკეთება	nemsis gak'eteba

ataque (~ de asma, etc.)	შეტევა	shet'eva
amputação (f)	ამპუტაცია	amp'ut'atsia
amputar (vt)	ამპუტირება	amp'ut'ireba
coma (f)	კომა	k'oma
estar em coma	კომაში ყოფნა	k'omashi qopna
reanimação (f)	რეანიმაცია	reanimatsia

recuperar-se (vr)	გამოჯანმრთელება	gamojanmrteleba
estado (~ de saúde)	მდგომარეობა	mdgomareoba
consciência (perder a ~)	ცნობიერება	tsnobiereba
memória (f)	მეხსიერება	mekhsiereba

tirar (vt)	ამოღება	amogheba
obturação (f)	ბჟენი	bzheni
obturar (vt)	დაბჟენა	dabzhena

| hipnose (f) | ჰიპნოზი | hip'nozi |
| hipnotizar (vt) | ჰიპნოტიზირება | hip'not'izireba |

51. Médicos

médico (m)	ექიმი	ekimi
enfermeira (f)	მედდა	medda
médico (m) pessoal	პირადი ექიმი	p'iradi ekimi

dentista (m)	დანტისტი	dant'ist'i
oculista (m)	ოკულისტი	ok'ulist'i
terapeuta (m)	თერაპევტი	terap'evt'i
cirurgião (m)	ქირურგი	kirurgi

psiquiatra (m)	ფსიქიატრი	psikiat'ri
pediatra (m)	პედიატრი	p'ediat'ri
psicólogo (m)	ფსიქოლოგი	psikologi
ginecologista (m)	გინეკოლოგი	ginek'ologi
cardiologista (m)	კარდიოლოგი	k'ardiologi

52. Medicina. Drogas. Acessórios

medicamento (m)	წამალი	ts'amali
remédio (m)	საშუალება	sashualeba
receitar (vt)	გამოწერა	gamots'era
receita (f)	რეცეპტი	retsep't'i

comprimido (m)	აბი	abi
unguento (m)	მალამო	malamo
ampola (f)	ამპულა	amp'ula
solução, preparado (m)	მიქსტურა	mikst'ura
xarope (m)	სიროფი	siropi
cápsula (f)	აბი	abi
pó (m)	ფხვნილი	pkhvnili

atadura (f)	ბინტი	bint'i
algodão (m)	ბამბა	bamba
iodo (m)	იოდი	iodi

curativo (m) adesivo	ლეიკოპლასტირი	leik'op'last'iri
conta-gotas (m)	პიპეტი	p'ip'et'i
termômetro (m)	სიცხის საზომი	sitskhis sazomi
seringa (f)	შპრიცი	shp'ritsi

| cadeira (f) de rodas | ეტლი | et'li |
| muletas (f pl) | ყავარჯნები | qavarjnebi |

analgésico (m)	ტკივილგამაყუჩებელი	t'k'ivilgamaquchebeli
laxante (m)	სასაქმებელი	sasakmebeli
álcool (m)	სპირტი	sp'irt'i
ervas (f pl) medicinais	ბალახი	balakhi
de ervas (chá ~)	ბალახისა	balakhisa

HABITAT HUMANO

Cidade

53. Cidade. Vida na cidade

cidade (f)	ქალაქი	kalaki
capital (f)	დედაქალაქი	dedakalaki
aldeia (f)	სოფელი	sopeli
mapa (m) da cidade	ქალაქის გეგმა	kalakis gegma
centro (m) da cidade	ქალაქის ცენტრი	kalakis tsent'ri
subúrbio (m)	გარეუბანი	gareubani
suburbano (adj)	გარეუბნისა	gareubnisa
periferia (f)	გარეუბანი	gareubani
arredores (m pl)	მიდამოები	midamoebi
quarteirão (m)	კვარტალი	k'vart'ali
quarteirão (m) residencial	საცხოვრებელი კვარტალი	satskhovrebeli k'vart'ali
tráfego (m)	ქუჩაში მოძრაობა	kuchashi modzraoba
semáforo (m)	შუქნიშანი	shuknishani
transporte (m) público	ქალაქის ტრანსპორტი	kalakis t'ransp'ort'i
cruzamento (m)	გზაჯვარედინი	gzajvaredini
faixa (f)	საქვეითო გადასასვლელი	sakveito gadasasvleli
túnel (m) subterrâneo	მიწისქვეშა გადასასვლელი	mits'iskvesha gadasasvleli
cruzar, atravessar (vt)	გადასვლა	gadasvla
pedestre (m)	ფეხით მოსიარულე	pekhit mosiarule
calçada (f)	ტროტუარი	t'rot'uari
ponte (f)	ხიდი	khidi
margem (f) do rio	სანაპირო	sanap'iro
alameda (f)	ხეივანი	kheivani
parque (m)	პარკი	p'ark'i
bulevar (m)	ბულვარი	bulvari
praça (f)	მოედანი	moedani
avenida (f)	გამზირი	gamziri
rua (f)	ქუჩა	kucha
travessa (f)	შესახვევი	shesakhvevi
beco (m) sem saída	ჩიხი	chikhi
casa (f)	სახლი	sakhli
edifício, prédio (m)	შენობა	shenoba
arranha-céu (m)	ცათამბჯენი	tsatambjeni
fachada (f)	ფასადი	pasadi
telhado (m)	სახურავი	sakhuravi

janela (f)	ფანჯარა	panjara
arco (m)	თაღი	taghi
coluna (f)	სვეტი	svet'i
esquina (f)	კუთხე	k'utkhe

vitrine (f)	ვიტრინა	vit'rina
letreiro (m)	აბრა	abra
cartaz (do filme, etc.)	აფიშა	apisha
cartaz (m) publicitário	სარეკლამო პლაკატი	sarek'lamo p'lak'at'i
painel (m) publicitário	სარეკლამო ფარი	sarek'lamo pari

lixo (m)	ნაგავი	nagavi
lata (f) de lixo	urna	urna
jogar lixo na rua	მონაგვიანება	monagvianeba
aterro (m) sanitário	ნაგავსაყრელი	nagavsaqreli

orelhão (m)	სატელეფონო ჯიხური	sat'elepono jikhuri
poste (m) de luz	ფარნის ბოძი	parnis bodzi
banco (m)	სკამი	sk'ami

polícia (m)	პოლიციელი	p'olitsieli
polícia (instituição)	პოლიცია	p'olitsia
mendigo, pedinte (m)	მათხოვარი	matkhovari
desabrigado (m)	უსახლკარო	usakhlk'aro

54. Instituições urbanas

loja (f)	მაღაზია	maghazia
drogaria (f)	აფთიაქი	aptiaki
ótica (f)	ოპტიკა	op't'ik'a
centro (m) comercial	სავაჭრო ცენტრი	savach'ro tsent'ri
supermercado (m)	სუპერმარკეტი	sup'ermark'et'i

padaria (f)	საფუნთუშე	sapuntushe
padeiro (m)	მცხობელი	mtskhobeli
pastelaria (f)	საკონდიტრო	sak'ondit'ro
mercearia (f)	საბაყლო	sabaqlo
açougue (m)	საყასბე	saqasbe

| fruteira (f) | ბოსტნეულის დუქანი | bost'neulis dukani |
| mercado (m) | ბაზარი | bazari |

cafeteria (f)	ყავახანა	qavakhana
restaurante (m)	რესტორანი	rest'orani
bar (m)	ლუდხანა	ludkhana
pizzaria (f)	პიცერია	p'itseria

salão (m) de cabeleireiro	საპარიკმახერო	sap'arik'makhero
agência (f) dos correios	ფოსტა	post'a
lavanderia (f)	ქიმწმენდა	kimts'menda
estúdio (m) fotográfico	ფოტოატელიე	pot'oat'elie

| sapataria (f) | ფეხსაცმლის მაღაზია | pekhsatsmlis maghazia |
| livraria (f) | წიგნების მაღაზია | ts'ignebis maghazia |

loja (f) de artigos esportivos	სპორტული მაღაზია	sp'ort'uli maghazia
costureira (m)	ტანსაცმლის შეკეთება	t'ansatsmlis shek'eteba
aluguel (m) de roupa	ტანსაცმლის გაქირავება	t'ansatsmlis gakiraveba
videolocadora (f)	ფილმების გაქირავება	pilmebis gakiraveba
circo (m)	ცირკი	tsirk'i
jardim (m) zoológico	ზოოპარკი	zoop'ark'i
cinema (m)	კინოთეატრი	k'inoteat'ri
museu (m)	მუზეუმი	muzeumi
biblioteca (f)	ბიბლიოთეკა	bibliotek'a
teatro (m)	თეატრი	teat'ri
ópera (f)	ოპერა	op'era
boate (casa noturna)	ღამის კლუბი	ghamis k'lubi
cassino (m)	სამორინე	samorine
mesquita (f)	მეჩეთი	mecheti
sinagoga (f)	სინაგოგა	sinagoga
catedral (f)	ტაძარი	t'adzari
templo (m)	ტაძარი	t'adzari
igreja (f)	ეკლესია	ek'lesia
faculdade (f)	ინსტიტუტი	inst'it'ut'i
universidade (f)	უნივერსიტეტი	universit'et'i
escola (f)	სკოლა	sk'ola
prefeitura (f)	პრეფექტურა	p'repekt'ura
câmara (f) municipal	მერია	meria
hotel (m)	სასტუმრო	sast'umro
banco (m)	ბანკი	bank'i
embaixada (f)	საელჩო	saelcho
agência (f) de viagens	ტურისტული სააგენტო	t'urist'uli saagent'o
agência (f) de informações	ცნობათა ბიურო	tsnobata biuro
casa (f) de câmbio	გაცვლითი პუნქტი	gatsvliti p'unkt'i
metrô (m)	მეტრო	met'ro
hospital (m)	საავადმყოფო	saavadmqopo
posto (m) de gasolina	ბენზინგასამართი სადგური	benzingasamarti sadguri
parque (m) de estacionamento	ავტოსადგომი	avt'osadgomi

55. Sinais

letreiro (m)	აბრა	abra
aviso (m)	წარწერა	ts'arts'era
cartaz, pôster (m)	პლაკატი	p'lak'at'i
placa (f) de direção	მაჩვენებელი	machvenebeli
seta (f)	ისარი	isari
aviso (advertência)	გაფრთხილება	gaprtkhileba
sinal (m) de aviso	გაფრთხილება	gaprtkhileba
avisar, advertir (vt)	გაფრთხილება	gaprtkhileba
dia (m) de folga	დასვენების დღე	dasvenebis dghe

| horário (~ dos trens, etc.) | განრიგი | ganrigi |
| horário (m) | სამუშაო საათები | samushao saatebi |

BEM-VINDOS!	კეთილი იყოს თქვენი მობრძანება!	k'etili iqos tkveni mobrdzaneba!
ENTRADA	შესასვლელი	shesasvleli
SAÍDA	გასასვლელი	gasasvleli

EMPURRE	თქვენგან	tkvengan
PUXE	თქვენსკენ	tkvensk'en
ABERTO	ღიაა	ghiaa
FECHADO	დაკეტილია	dak'et'ilia

| MULHER | ქალებისათვის | kalebisatvis |
| HOMEM | კაცებისათვის | k'atsebisatvis |

DESCONTOS	ფასდაკლებები	pasdak'lebebi
SALDOS, PROMOÇÃO	გაყიდვა	gaqidva
NOVIDADE!	სიახლე!	siakhle!
GRÁTIS	უფასოდ	upasod

ATENÇÃO!	ყურადღება!	quradgheba!
NÃO HÁ VAGAS	ადგილები არ არის	adgilebi ar aris
RESERVADO	დარეზერვირებულია	darezervirebulia

| ADMINISTRAÇÃO | ადმინისტრაცია | administ'ratsia |
| SOMENTE PESSOAL AUTORIZADO | მხოლოდ პერსონალისათვის | mkholod p'ersonalisatvis |

CUIDADO CÃO FEROZ	ავი ძაღლი	avi dzaghli
PROIBIDO FUMAR!	ნუ მოსწევთ!	nu mosts'evt!
NÃO TOCAR	ხელით ნუ შეეხებით!	khelit nu sheekhebit!

PERIGOSO	საშიშია	sashishia
PERIGO	საფრთხე	saprtkhe
ALTA TENSÃO	მაღალი ძაბვა	maghali dzabva
PROIBIDO NADAR	ბანაობა აკრძალულია	banaoba ak'rdzalulia
COM DEFEITO	არ მუშაობს	ar mushaobs

INFLAMÁVEL	ცეცხლსაშიშია	tsetskhlsashishia
PROIBIDO	აკრძალულია	ak'rdzalulia
ENTRADA PROIBIDA	გასვლა აკრძალულია	gasvla ak'rdzalulia
CUIDADO TINTA FRESCA	შეღებილია	sheghebilia

56. Transportes urbanos

ônibus (m)	ავტობუსი	avt'obusi
bonde (m) elétrico	ტრამვაი	t'ramvai
trólebus (m)	ტროლეიბუსი	t'roleibusi
rota (f), itinerário (m)	მარშრუტი	marshrut'i
número (m)	ნომერი	nomeri

| ir de … (carro, etc.) | მგზავრობა | mgzavroba |
| entrar no … | ჩაჯდომა | chajdoma |

descer do …	ჩამოსვლა	chamosvla
parada (f)	გაჩერება	gachereba
próxima parada (f)	შემდეგი გაჩერება	shemdegi gachereba
terminal (m)	ბოლო გაჩერება	bolo gachereba
horário (m)	განრიგი	ganrigi
esperar (vt)	ლოდინი	lodini

| passagem (f) | ბილეთი | bileti |
| tarifa (f) | ბილეთის ღირებულება | biletis ghirebuleba |

bilheteiro (m)	მოლარე	molare
controle (m) de passagens	კონტროლი	k'ont'roli
revisor (m)	კონტროლიორი	k'ont'roliori

atrasar-se (vr)	დაგვიანება	dagvianeba
perder (o autocarro, etc.)	დაგვიანება	dagvianeba
estar com pressa	აჩქარება	achkareba

táxi (m)	ტაქსი	t'aksi
taxista (m)	ტაქსისტი	t'aksist'i
de táxi (ir ~)	ტაქსით	t'aksit
ponto (m) de táxis	ტაქსის სადგომი	t'aksis sadgomi
chamar um táxi	ტაქსის გამოძახება	t'aksis gamodzakheba
pegar um táxi	ტაქსის აყვანა	t'aksis aqvana

tráfego (m)	ქუჩაში მოძრაობა	kuchashi modzraoba
engarrafamento (m)	საცობი	satsobi
horas (f pl) de pico	პიკის საათები	p'ik'is saatebi
estacionar (vi)	პარკირება	p'ark'ireba
estacionar (vt)	პარკირება	p'ark'ireba
parque (m) de estacionamento	სადგომი	sadgomi

metrô (m)	მეტრო	met'ro
estação (f)	სადგური	sadguri
ir de metrô	მეტროთი მგზავრობა	met'roti mgzavroba
trem (m)	მატარებელი	mat'arebeli
estação (f) de trem	ვაგზალი	vagzali

57. Turismo

monumento (m)	ძეგლი	dzegli
fortaleza (f)	ციხე-სიმაგრე	tsikhe-simagre
palácio (m)	სასახლე	sasakhle
castelo (m)	ციხე-დარბაზი	tsikhe-darbazi
torre (f)	კოშკი	k'oshk'i
mausoléu (m)	მავზოლეუმი	mavzoleumi

arquitetura (f)	არქიტექტურა	arkit'ekt'ura
medieval (adj)	შუა საუკუნეებისა	shua sauk'uneebisa
antigo (adj)	ძველებური	dzveleburi
nacional (adj)	ეროვნული	erovnuli
famoso, conhecido (adj)	ცნობილი	tsnobili
turista (m)	ტურისტი	t'urist'i
guia (pessoa)	გიდი	gidi

excursão (f)	ექსკურსია	eksk'ursia
mostrar (vt)	ჩვენება	chveneba
contar (vt)	მოთხრობა	motkhroba

encontrar (vt)	პოვნა	p'ovna
perder-se (vr)	დაკარგვა	dak'argva
mapa (~ do metrô)	სქემა	skema
mapa (~ da cidade)	გეგმა	gegma

lembrança (f), presente (m)	სუვენირი	suveniri
loja (f) de presentes	სუვენირების მაღაზია	suvenirebis maghazia
tirar fotos, fotografar	სურათის გადაღება	suratis gadagheba
fotografar-se (vr)	სურათის გადაღება	suratis gadagheba

58. Compras

comprar (vt)	ყიდვა	qidva
compra (f)	ნაყიდი	naqidi
compras (f pl)	შოპინგი	shop'ingi

estar aberta (loja)	მუშაობა	mushaoba
estar fechada	დაკეტვა	dak'et'va

calçado (m)	ფეხსაცმელი	pekhsatsmeli
roupa (f)	ტანსაცმელი	t'ansatsmeli
cosméticos (m pl)	კოსმეტიკა	k'osmet'ik'a
alimentos (m pl)	პროდუქტები	p'rodukt'ebi
presente (m)	საჩუქარი	sachukari

vendedor (m)	გამყიდველი	gamqidveli
vendedora (f)	გამყიდველი	gamqidveli

caixa (f)	სალარო	salaro
espelho (m)	სარკე	sark'e
balcão (m)	დახლი	dakhli
provador (m)	მოსაზომი ოთახი	mosazomi otakhi

provar (vt)	მოზომება	mozomeba
servir (roupa, caber)	მორგება	morgeba
gostar (apreciar)	მოწონება	mots'oneba

preço (m)	ფასი	pasi
etiqueta (f) de preço	საფასარი	sapasari
custar (vt)	ღირება	ghireba
Quanto?	რამდენი?	ramdeni?
desconto (m)	ფასდაკლება	pasdak'leba

não caro (adj)	საკმაოდ იაფი	sak'maod iapi
barato (adj)	იაფი	iapi
caro (adj)	ძვირი	dzviri
É caro	ეს ძვირია	es dzviria

aluguel (m)	გაქირავება	gakiraveba
alugar (roupas, etc.)	ქირით აღება	kirit agheba

| crédito (m) | კრედიტი | k'redit'i |
| a crédito | სესხად | seskhad |

59. Dinheiro

dinheiro (m)	ფული	puli
câmbio (m)	გაცვლა	gatsvla
taxa (f) de câmbio	კურსი	k'ursi
caixa (m) eletrônico	ბანკომატი	bank'omat'i
moeda (f)	მონეტა	monet'a

| dólar (m) | დოლარი | dolari |
| euro (m) | ევრო | evro |

lira (f)	ლირა	lira
marco (m)	მარკა	mark'a
franco (m)	ფრანკი	prank'i
libra (f) esterlina	გირვანქა სტერლინგი	girvanka st'erlingi
iene (m)	იენა	iena

dívida (f)	ვალი	vali
devedor (m)	მოვალე	movale
emprestar (vt)	ნისიად მიცემა	nisiad mitsema
pedir emprestado	ნისიად აღება	nisiad agheba

banco (m)	ბანკი	bank'i
conta (f)	ანგარიში	angarishi
depositar na conta	ანგარიშზე დადება	angarishze dadeba
sacar (vt)	ანგარიშიდან მოხსნა	angarishidan mokhsna

cartão (m) de crédito	საკრედიტო ბარათი	sak'redit'o barati
dinheiro (m) vivo	ნაღდი ფული	naghdi puli
cheque (m)	ჩეკი	chek'i
passar um cheque	ჩეკის გამოწერა	chek'is gamots'era
talão (m) de cheques	ჩეკების წიგნაკი	chek'ebis ts'ignak'i

carteira (f)	საფულე	sapule
niqueleira (f)	საფულე	sapule
cofre (m)	სეიფი	seipi

herdeiro (m)	მემკვიდრე	memk'vidre
herança (f)	მემკვიდრეობა	memk'vidreoba
fortuna (riqueza)	ქონება	koneba

arrendamento (m)	იჯარა	ijara
aluguel (pagar o ~)	ბინის ქირა	binis kira
alugar (vt)	დაქირავება	dakiraveba

preço (m)	ფასი	pasi
custo (m)	ღირებულება	ghirebuleba
soma (f)	თანხა	tankha

| gastar (vt) | ხარჯვა | kharjva |
| gastos (m pl) | ხარჯები | kharjebi |

economizar (vi)	დაზოგვა	dazogva
econômico (adj)	მომჭირნე	momch'irne

pagar (vt)	გადახდა	gadakhda
pagamento (m)	საზღაური	sazghauri
troco (m)	ხურდა	khurda

imposto (m)	გადასახადი	gadasakhadi
multa (f)	ჯარიმა	jarima
multar (vt)	დაჯარიმება	dajarimeba

60. Correios. Serviço postal

agência (f) dos correios	ფოსტა	post'a
correio (m)	ფოსტა	post'a
carteiro (m)	ფოსტალიონი	post'alioni
horário (m)	სამუშაო საათები	samushao saatebi

carta (f)	წერილი	ts'erili
carta (f) registada	დაზღვეული წერილი	dazghveuli ts'erili
cartão (m) postal	ღია ბარათი	ghia barati
telegrama (m)	დეპეშა	dep'esha
encomenda (f)	ამანათი	amanati
transferência (f) de dinheiro	ფულადი გზავნილი	puladi gzavnili

receber (vt)	მიღება	migheba
enviar (vt)	გაგზავნა	gagzavna
envio (m)	გაგზავნა	gagzavna

endereço (m)	მისამართი	misamarti
código (m) postal	ინდექსი	indeksi
remetente (m)	გამგზავნი	gamgzavni
destinatário (m)	მიმღები	mimghebi

nome (m)	სახელი	sakheli
sobrenome (m)	გვარი	gvari

tarifa (f)	ტარიფი	t'aripi
ordinário (adj)	ჩვეულებრივი	chveulebrivi
econômico (adj)	ეკონომიური	ek'onomiuri

peso (m)	წონა	ts'ona
pesar (estabelecer o peso)	აწონვა	ats'onva
envelope (m)	კონვერტი	k'onvert'i
selo (m) postal	მარკა	mark'a

Moradia. Casa. Lar

61. Casa. Eletricidade

eletricidade (f)	ელექტრობა	elekt'roba
lâmpada (f)	ნათურა	natura
interruptor (m)	ამომრთველი	amomrtveli
fusível, disjuntor (m)	საცობი	satsobi
fio, cabo (m)	სადენი	sadeni
instalação (f) elétrica	გაყვანილობა	gaqvaniloba
medidor (m) de eletricidade	მრიცხველი	mritskhveli
indicação (f), registro (m)	ჩვენება	chveneba

62. Moradia. Mansão

casa (f) de campo	ქალაქგარეთა სახლი	kalakgareta sakhli
vila (f)	ვილა	vila
ala (~ do edifício)	ფრთა	prta
jardim (m)	ბაღი	baghi
parque (m)	პარკი	p'ark'i
estufa (f)	ორანჟერეა	oranzherea
cuidar de ...	მოვლა	movla
piscina (f)	აუზი	auzi
academia (f) de ginástica	სპორტული დარბაზი	sp'ort'uli darbazi
quadra (f) de tênis	ჩოგბურთის კორტი	chogburtis k'ort'i
cinema (m)	კინოთეატრი	k'inoteat'ri
garagem (f)	ავტოპარები	avt'oparekhi
propriedade (f) privada	კერძო საკუთრება	k'erdzo sak'utreba
terreno (m) privado	კერძო სამფლობელოები	k'erdzo samplobeloebi
advertência (f)	გაფრთხილება	gaprtkhileba
sinal (m) de aviso	გამაფრთხილებელი წარწერა	gamaprtkhilebeli ts'arts'era
guarda (f)	დაცვა	datsva
guarda (m)	მცველი	mtsveli
alarme (m)	სიგნალიზაცია	signalizatsia

63. Apartamento

apartamento (m)	ბინა	bina
quarto, cômodo (m)	ოთახი	otakhi
quarto (m) de dormir	საწოლი ოთახი	sats'oli otakhi

sala (f) de jantar	სასადილო ოთახი	sasadilo otakhi
sala (f) de estar	სასტუმრო ოთახი	sast'umro otakhi
escritório (m)	კაბინეტი	k'abinet'i

sala (f) de entrada	წინა ოთახი	ts'ina otakhi
banheiro (m)	საababzano ოთახი	saabazano otakhi
lavabo (m)	საპირფარეშო	sap'irparesho

teto (m)	ჭერი	ch'eri
chão, piso (m)	იატაკი	iat'ak'i
canto (m)	კუთხე	k'utkhe

64. Mobiliário. Interior

mobiliário (m)	ავეჯი	aveji
mesa (f)	მაგიდა	magida
cadeira (f)	სკამი	sk'ami
cama (f)	საწოლი	sats'oli

sofá, divã (m)	დივანი	divani
poltrona (f)	სავარძელი	savardzeli

estante (f)	კარადა	k'arada
prateleira (f)	თარო	taro

guarda-roupas (m)	კარადა	k'arada
cabide (m) de parede	საკიდი	sak'idi
cabideiro (m) de pé	საკიდი	sak'idi

cômoda (f)	კომოდი	k'omodi
mesinha (f) de centro	ჟურნალების მაგიდა	zhurnalebis magida

espelho (m)	სარკე	sark'e
tapete (m)	ხალიჩა	khalicha
tapete (m) pequeno	პატარა ნოხი	p'at'ara nokhi

lareira (f)	ბუხარი	bukhari
vela (f)	სანთელი	santeli
castiçal (m)	შანდალი	shandali

cortinas (f pl)	ფარდები	pardebi
papel (m) de parede	შპალერი	shp'aleri
persianas (f pl)	ჟალუზი	zhaluzi

luminária (f) de mesa	მაგიდის ლამპა	magidis lamp'a
luminária (f) de parede	ლამპარი	lamp'ari

abajur (m) de pé	ტორშერი	t'orsheri
lustre (m)	ჭაღი	ch'aghi

pé (de mesa, etc.)	ფეხი	pekhi
braço, descanso (m)	საიდაყვე	saidaqve
costas (f pl)	ზურგი	zurgi
gaveta (f)	უჯრა	ujra

65. Quarto de dormir

roupa (f) de cama	თეთრეული	tetreuli
travesseiro (m)	ბალიში	balishi
fronha (f)	ბალიშისპირი	balishisp'iri
cobertor (m)	საბანი	sabani
lençol (m)	ზეწარი	zets'ari
colcha (f)	გადასაფარებელი	gadasaparebeli

66. Cozinha

cozinha (f)	სამზარეულო	samzareulo
gás (m)	აირი	airi
fogão (m) a gás	გაზქურა	gazkura
fogão (m) elétrico	ელექტროქურა	elekt'rokura
forno (m)	ფურნაკი	purnak'i
forno (m) de micro-ondas	მიკროტალღოვანი ღუმელი	mik'rot'alghovani ghumeli
geladeira (f)	მაცივარი	matsivari
congelador (m)	საყინულე	saqinule
máquina (f) de lavar louça	ჭურჭლის სარეცხი მანქანა	ch'urch'lis saretskhi mankana
moedor (m) de carne	ხორცსაკეპი	khortssak'ep'i
espremedor (m)	წვენსაწური	ts'vensats'uri
torradeira (f)	ტოსტერი	t'ost'eri
batedeira (f)	მიქსერი	mikseri
máquina (f) de café	ყავის სახარში	qavis sakharshi
cafeteira (f)	ყავადანი	qavadani
moedor (m) de café	ყავის საფქვავი	qavis sapkvavi
chaleira (f)	ჩაიდანი	chaidani
bule (m)	ჩაიდანი	chaidani
tampa (f)	ხუფი	khupi
coador (m) de chá	საწური	sats'uri
colher (f)	კოვზი	k'ovzi
colher (f) de chá	ჩაის კოვზი	chais k'ovzi
colher (f) de sopa	სადილის კოვზი	sadilis k'ovzi
garfo (m)	ჩანგალი	changali
faca (f)	დანა	dana
louça (f)	ჭურჭელი	ch'urch'eli
prato (m)	თეფში	tepshi
pires (m)	ლამბაქი	lambaki
cálice (m)	სირჩა	sircha
copo (m)	ჭიქა	ch'ika
xícara (f)	ფინჯანი	pinjani
açucareiro (m)	საშაქრე	sashakre
saleiro (m)	სამარილე	samarile
pimenteiro (m)	საპილპილე	sap'ilp'ile

manteigueira (f)	საკარაქე	sak'arake
panela (f)	ქვაბი	kvabi
frigideira (f)	ტაფა	t'apa
concha (f)	ჩამჩა	chamcha
coador (m)	თუშფალანგი	tushpalangi
bandeja (f)	ლანგარი	langari

garrafa (f)	ბოთლი	botli
pote (m) de vidro	ქილა	kila
lata (~ de cerveja)	ქილა	kila

abridor (m) de garrafa	გასახსნელი	gasakhsneli
abridor (m) de latas	გასახსნელი	gasakhsneli
saca-rolhas (m)	შტოპორი	sht'op'ori
filtro (m)	ფილტრი	pilt'ri
filtrar (vt)	ფილტვრა	pilt'vra

| lixo (m) | ნაგავი | nagavi |
| lixeira (f) | სანაგვე ვედრო | sanagve vedro |

67. Casa de banho

banheiro (m)	საababaz ოთახი	saabazano otakhi
água (f)	წყალი	ts'qali
torneira (f)	ონკანი	onk'ani
água (f) quente	ცხელი წყალი	tskheli ts'qali
água (f) fria	ცივი წყალი	tsivi ts'qali

| pasta (f) de dente | კბილის პასტა | k'bilis p'ast'a |
| escovar os dentes | კბილების წმენდა | k'bilebis ts'menda |

barbear-se (vr)	პარსვა	p'arsva
espuma (f) de barbear	საპარსი ქაფი	sap'arsi kapi
gilete (f)	სამართებელი	samartebeli

lavar (vt)	რეცხვა	retskhva
tomar banho	დაბანა	dabana
chuveiro (m), ducha (f)	შხაპი	shkhap'i
tomar uma ducha	შხაპის მიღება	shkhap'is migheba

banheira (f)	აბაზანა	abazana
vaso (m) sanitário	უნიტაზი	unit'azi
pia (f)	ნიჟარა	nizhara

| sabonete (m) | საპონი | sap'oni |
| saboneteira (f) | სასაპნე | sasap'ne |

esponja (f)	ღრუბელი	ghrubeli
xampu (m)	შამპუნი	shamp'uni
toalha (f)	პირსახოცი	p'irsakhotsi
roupão (m) de banho	ხალათი	khalati

| lavagem (f) | რეცხვა | retskhva |
| lavadora (f) de roupas | სარეცხი მანქანა | saretskhi mankana |

lavar a roupa	თეთრეულის რეცხვა	tetreulis retsvkha
detergente (m)	სარეცხი ფხვნილი	saretskhi pkhvnili

68. Eletrodomésticos

televisor (m)	ტელევიზორი	t'elevizori
gravador (m)	მაგნიტოფონი	magnit'oponi
videogravador (m)	ვიდეომაგნიტოფონი	videomagnit'oponi
rádio (m)	მიმღები	mimghebi
leitor (m)	ფლეერი	pleeri
projetor (m)	ვიდეოპროექტორი	videop'roekt'ori
cinema (m) em casa	სახლის კინოთეატრი	sakhlis k'inoteat'ri
DVD Player (m)	DVD-საკრავი	DVD-sak'ravi
amplificador (m)	გამაძლიერებელი	gamadzlierebeli
console (f) de jogos	სათამაშო მისადგამი	satamasho misadgami
câmera (f) de vídeo	ვიდეოკამერა	videok'amera
máquina (f) fotográfica	ფოტოაპარატი	pot'oap'arat'i
câmera (f) digital	ციფრული ფოტოაპარატი	tsipruli pot'oap'arat'i
aspirador (m)	მტვერსასრუტი	mt'versasrut'i
ferro (m) de passar	უთო	uto
tábua (f) de passar	საუთოებელი დაფა	sautoebeli dapa
telefone (m)	ტელეფონი	t'eleponi
celular (m)	მობილური ტელეფონი	mobiluri t'eleponi
máquina (f) de escrever	მანქანა	mankana
máquina (f) de costura	მანქანა	mankana
microfone (m)	მიკროფონი	mik'roponi
fone (m) de ouvido	საყურისი	saqurisi
controle remoto (m)	პულტი	p'ult'i
CD (m)	CD-დისკი	CD-disk'i
fita (f) cassete	კასეტი	k'aset'i
disco (m) de vinil	ფირფიტა	pirpit'a

ATIVIDADES HUMANAS

Emprego. Negócios. Parte 1

69. Escritório. O trabalho no escritório

escritório (~ de advogados)	ოფისი	opisi
escritório (do diretor, etc.)	კაბინეტი	k'abinet'i
recepção (f)	რესეფშენი	resepsheni
secretário (m)	მდივანი	mdivani
diretor (m)	დირექტორი	direkt'ori
gerente (m)	მენეჯერი	menejeri
contador (m)	ბუღალტერი	bughalt'eri
empregado (m)	თანამშრომელი	tanamshromeli
mobiliário (m)	ავეჯი	aveji
mesa (f)	მაგიდა	magida
cadeira (f)	სავარძელი	savardzeli
gaveteiro (m)	ტუმბა	t'umba
cabideiro (m) de pé	საკიდი	sak'idi
computador (m)	კომპიუტერი	k'omp'iut'eri
impressora (f)	პრინტერი	p'rint'eri
fax (m)	ფაქსი	paksi
fotocopiadora (f)	ასლის გადამღები აპარატი	aslis gadamghebi ap'arat'i
papel (m)	ქაღალდი	kaghaldi
artigos (m pl) de escritório	საკანცელარიო ნივთები	sak'antselario nivtebi
tapete (m) para mouse	ქვეშსადები	kveshsadebi
folha (f)	ფურცელი	purtseli
pasta (f)	საქაღალდე	sakaghalde
catálogo (m)	კატალოგი	k'at'alogi
lista (f) telefônica	ცნობარი	tsnobari
documentação (f)	დოკუმენტაცია	dok'ument'atsia
brochura (f)	ბროშურა	broshura
panfleto (m)	ფურცელი	purtseli
amostra (f)	ნიმუში	nimushi
formação (f)	ტრენინგი	t'reningi
reunião (f)	თათბირი	tatbiri
hora (f) de almoço	სასადილო შესვენება	sasadilo shesveneba
fazer uma cópia	ასლის გაკეთება	aslis gak'eteba
tirar cópias	გამრავლება	gamravleba
receber um fax	ფაქსის მიღება	paksis migheba
enviar um fax	ფაქსის გაგზავნა	paksis gagzavna
fazer uma chamada	რეკვა	rek'va

responder (vt)	პასუხის გაცემა	p'asukhis gatsema
passar (vt)	შეერთება	sheerteba
marcar (vt)	დანიშვნა	danishvna
demonstrar (vt)	დემონსტრირება	demonst'rireba
estar ausente	არდასწრება	ardasts'reba
ausência (f)	გაცდენა	gatsdena

70. Processos negociais. Parte 1

ocupação (f)	საქმე	sakme
firma, empresa (f)	ფირმა	pirma
companhia (f)	კომპანია	k'omp'ania
corporação (f)	კორპორაცია	k'orp'oratsia
empresa (f)	საწარმო	sats'armo
agência (f)	სააგენტო	saagent'o
acordo (documento)	ხელშეკრულება	khelshek'ruleba
contrato (m)	კონტრაქტი	k'ont'rakt'i
acordo (transação)	გარიგება	garigeba
pedido (m)	შეკვეთა	shek'veta
termos (m pl)	პირობა	p'iroba
por atacado	ბითუმად	bitumad
por atacado (adj)	საბითუმო	sabitumo
venda (f) por atacado	ბითუმად გაყიდვა	bitumad gaqidva
a varejo	საცალო	satsalo
venda (f) a varejo	ცალობით გაყიდვა	tsalobit gaqidva
concorrente (m)	კონკურენტი	k'onk'urent'i
concorrência (f)	კონკურენცია	k'onk'urentsia
competir (vi)	კონკურენციის გაწევა	k'onk'urentsiis gats'eva
sócio (m)	პარტნიორი	p'art'niori
parceria (f)	პარტნიორობა	p'art'nioroba
crise (f)	კრიზისი	k'rizisi
falência (f)	გაკოტრება	gak'ot'reba
entrar em falência	გაკოტრება	gak'ot'reba
dificuldade (f)	სიძნელე	sidznele
problema (m)	პრობლემა	p'roblema
catástrofe (f)	კატასტროფა	k'at'ast'ropa
economia (f)	ეკონომიკა	ek'onomik'a
econômico (adj)	ეკონომიკური	ek'onomik'uri
recessão (f) econômica	ეკონომიკური ვარდნა	ek'onomik'uri vardna
objetivo (m)	მიზანი	mizani
tarefa (f)	ამოცანა	amotsana
comerciar (vi, vt)	ვაჭრობა	vach'roba
rede (de distribuição)	ქსელი	kseli
estoque (m)	საწყობი	sats'qobi
sortimento (m)	ასორტიმენტი	asort'iment'i

líder (m)	ლიდერი	lideri
grande (~ empresa)	მსხვილი	mskhvili
monopólio (m)	მონოპოლია	monop'olia

teoria (f)	თეორია	teoria
prática (f)	პრაქტიკა	p'rakt'ik'a
experiência (f)	გამოცდილება	gamotsdileba
tendência (f)	ტენდენცია	t'endentsia
desenvolvimento (m)	განვითარება	ganvitareba

71. Processos negociais. Parte 2

rentabilidade (f)	სარგებლობა	sargebloba
rentável (adj)	სარგებლიანი	sargebliani

delegação (f)	დელეგაცია	delegatsia
salário, ordenado (m)	ხელფასი	khelpasi
corrigir (~ um erro)	გამოსწორება	gamosts'oreba
viagem (f) de negócios	მივლინება	mivlineba
comissão (f)	კომისია	k'omisia

controlar (vt)	კონტროლის გაწევა	k'ont'rolis gats'eva
conferência (f)	კონფერენცია	k'onperentsia
licença (f)	ლიცენზია	litsenzia
confiável (adj)	საიმედო	saimedo

empreendimento (m)	წამოწყება	ts'amots'qeba
norma (f)	ნორმა	norma
circunstância (f)	გარემოება	garemoeba
dever (do empregado)	მოვალეობა	movaleoba

empresa (f)	ორგანიზაცია	organizatsia
organização (f)	ორგანიზება	organizeba
organizado (adj)	ორგანიზებული	organizebuli
anulação (f)	გაუქმება	gaukmeba
anular, cancelar (vt)	გაუქმება	gaukmeba
relatório (m)	ანგარიში	angarishi

patente (f)	პატენტი	p'at'ent'i
patentear (vt)	დაპატენტება	dap'at'ent'eba
planejar (vt)	დაგეგმვა	dagegmva

bônus (m)	პრემია	p'remia
profissional (adj)	პროფესიული	p'ropesiuli
procedimento (m)	პროცედურა	p'rotsedura

examinar (~ a questão)	განხილვა	gankhilva
cálculo (m)	ანგარიშსწორება	angarishsts'oreba
reputação (f)	რეპუტაცია	rep'ut'atsia
risco (m)	რისკი	risk'i

dirigir (~ uma empresa)	ხელმძღვანელობა	khelmdzghvaneloba
informação (f)	ცნობები	tsnobebi
propriedade (f)	საკუთრება	sak'utreba

união (f)	კავშირი	k'avshiri
seguro (m) de vida	სიცოცხლის დაზღვევა	sitsotskhlis dazghveva
fazer um seguro	დაზღვევა	dazghveva
seguro (m)	დაზღვევა	dazghveva

leilão (m)	საჯარო ვაჭრობა	sajaro vach'roba
notificar (vt)	შეტყობინება	shet'qobineba
gestão (f)	მართვა	martva
serviço (indústria de ~s)	სამსახური	samsakhuri

fórum (m)	ფორუმი	porumi
funcionar (vi)	ფუნქციონირება	punktsionireba
estágio (m)	ეტაპი	et'ap'i
jurídico, legal (adj)	იურიდიული	iuridiuli
advogado (m)	იურისტი	iurist'i

72. Produção. Trabalhos

usina (f)	ქარხანა	karkhana
fábrica (f)	ფაბრიკა	pabrik'a
oficina (f)	საამქრო	saamkro
local (m) de produção	წარმოება	ts'armoeba

indústria (f)	მრეწველობა	mrets'veloba
industrial (adj)	სამრეწველო	samrets'velo
indústria (f) pesada	მძიმე მრეწველობა	mdzime mrets'veloba
indústria (f) ligeira	მსუბუქი მრეწველობა	msubuki mrets'veloba

produção (f)	პროდუქცია	p'roduktsia
produzir (vt)	წარმოება	ts'armoeba
matérias-primas (f pl)	ნედლეული	nedleuli

chefe (m) de obras	ბრიგადირი	brigadiri
equipe (f)	ბრიგადა	brigada
operário (m)	მუშა	musha

dia (m) de trabalho	სამუშაო დღე	samushao dghe
intervalo (m)	შეჩერება	shechereba
reunião (f)	კრება	k'reba
discutir (vt)	განხილვა	gankhilva

plano (m)	გეგმა	gegma
cumprir o plano	გეგმის შესრულება	gegmis shesruleba
taxa (f) de produção	გამომუშავების ნორმა	gamomushavebis norma
qualidade (f)	ხარისხი	khariskhi
controle (m)	კონტროლი	k'ont'roli
controle (m) da qualidade	ხარისხის კონტროლი	khariskhis k'ont'roli

segurança (f) no trabalho	შრომის უსაფრთხოება	shromis usaprtkhoeba
disciplina (f)	დისციპლინა	distsip'lina
infração (f)	დარღვევა	darghveva
violar (as regras)	დარღვევა	darghveva
greve (f)	გაფიცვა	gapitsva
grevista (m)	გაფიცული	gapitsuli

| estar em greve | გაფიცვა | gapitsva |
| sindicato (m) | პროფკავშირი | p'ropk'avshiri |

inventar (vt)	გამოგონება	gamogoneba
invenção (f)	გამოგონება	gamogoneba
pesquisa (f)	გამოკვლევა	gamok'vleva
melhorar (vt)	გაუმჯობესება	gaumjobeseba
tecnologia (f)	ტექნოლოგია	t'eknologia
desenho (m) técnico	ნახაზი	nakhazi

carga (f)	ტვირთი	t'virti
carregador (m)	მტვირთავი	mt'virtavi
carregar (o caminhão, etc.)	დატვირთვა	dat'virtva
carregamento (m)	დატვირთვა	dat'virtva
descarregar (vt)	დაცლა	datsla
descarga (f)	დაცლა	datsla

transporte (m)	ტრანსპორტი	t'ransp'ort'i
companhia (f) de transporte	სატრანსპორტო კომპანია	sat'ransp'ort'o k'omp'ania
transportar (vt)	ტრანსპორტირება	t'ransp'ort'ireba

vagão (m) de carga	ვაგონი	vagoni
tanque (m)	ცისტერნა	tsist'erna
caminhão (m)	სატვირთო მანქანა	sat'virto mankana

| máquina (f) operatriz | დაზგა | dazga |
| mecanismo (m) | მექანიზმი | mekanizmi |

resíduos (m pl) industriais	ნარჩენები	narchenebi
embalagem (f)	შეფუთვა	sheputva
embalar (vt)	შეფუთვა	sheputva

73. Contrato. Acordo

contrato (m)	კონტრაქტი	k'ont'rakt'i
acordo (m)	შეთანხმება	shetankhmeba
adendo, anexo (m)	დანართი	danarti

assinar o contrato	კონტრაქტის დადება	k'ont'rakt'is dadeba
assinatura (f)	ხელმოწერა	khelmots'era
assinar (vt)	ხელის მოწერა	khelis mots'era
carimbo (m)	ბეჭედი	bech'edi

objeto (m) do contrato	ხელშეკრულების საგანი	khelshek'rulebis sagani
cláusula (f)	პუნქტი	p'unkt'i
partes (f pl)	მხარეები	mkhareebi
domicílio (m) legal	იურიდიული მისამართი	iuridiuli misamarti

violar o contrato	კონტრაქტის დარღვევა	k'ont'rakt'is darghveva
obrigação (f)	ვალდებულება	valdebuleba
responsabilidade (f)	პასუხისმგებლობა	p'asukhismgebloba
força (f) maior	ფორს-მაჟორი	pors-mazhori
litígio (m), disputa (f)	დავა	dava
multas (f pl)	საჯარიმო სანქციები	sajarimo sanktsiebi

74. Importação & Exportação

importação (f)	იმპორტი	imp'ort'i
importador (m)	იმპორტიორი	imp'ort'iori
importar (vt)	იმპორტირება	imp'ort'ireba
de importação	იმპორტული	imp'ort'uli
exportador (m)	ექსპორტიორი	eksp'ort'iori
exportar (vt)	ექსპორტირება	eksp'ort'ireba
mercadoria (f)	საქონელი	sakoneli
lote (de mercadorias)	პარტია	p'art'ia
peso (m)	წონა	ts'ona
volume (m)	მოცულობა	motsuloba
metro (m) cúbico	კუბური მეტრი	k'uburi met'ri
produtor (m)	მწარმოებელი	mts'armoebeli
companhia (f) de transporte	სატრანსპორტო კომპანია	sat'ransp'ort'o k'omp'ania
contêiner (m)	კონტეინერი	k'ont'eineri
fronteira (f)	საზღვარი	sazghvari
alfândega (f)	საბაჟო	sabazho
taxa (f) alfandegária	საბაჟო გადასახადი	sabazho gadasakhadi
funcionário (m) da alfândega	მებაჟე	mebazhe
contrabando (atividade)	კონტრაბანდა	k'ont'rabanda
contrabando (produtos)	კონტრაბანდა	k'ont'rabanda

75. Finanças

ação (f)	აქცია	aktsia
obrigação (f)	ობლიგაცია	obligatsia
nota (f) promissória	თამასუქი	tamasuki
bolsa (f) de valores	ბირჟა	birzha
cotação (m) das ações	აქციების კურსი	aktsiebis k'ursi
tornar-se mais barato	გაიაფება	gaiapeba
tornar-se mais caro	გაძვირება	gadzvireba
participação (f) majoritária	საკონტროლო პაკეტი	sak'ont'rolo p'ak'et'i
investimento (m)	ინვესტიციები	invest'itsiebi
investir (vt)	ინვესტირება	invest'ireba
porcentagem (f)	პროცენტი	p'rotsent'i
juros (m pl)	პროცენტები	p'rotsent'ebi
lucro (m)	მოგება	mogeba
lucrativo (adj)	მომგებიანი	momgebiani
imposto (m)	გადასახადი	gadasakhadi
divisa (f)	ვალუტა	valut'a
nacional (adj)	ეროვნული	erovnuli
câmbio (m)	გაცვლა	gatsvla

contador (m)	ბუღალტერი	bughalt'eri
contabilidade (f)	ბუღალტერია	bughalt'eria
falência (f)	გაკოტრება	gak'ot'reba
falência, quebra (f)	გაკოტრება	gak'ot'reba
ruína (f)	გაკოტრება	gak'ot'reba
estar quebrado	გაკოტრება	gak'ot'reba
inflação (f)	ინფლაცია	inplatsia
desvalorização (f)	დევალვაცია	devalvatsia
capital (m)	კაპიტალი	k'ap'it'ali
rendimento (m)	შემოსავალი	shemosavali
volume (m) de negócios	ბრუნვა	brunva
recursos (m pl)	რესურსები	resursebi
recursos (m pl) financeiros	ფულადი სახსრები	puladi sakhsrebi
despesas (f pl) gerais	ზედნადები ხარჯები	zednadebi kharjebi
reduzir (vt)	შემცირება	shemtsireba

76. Marketing

marketing (m)	მარკეტინგი	mark'et'ingi
mercado (m)	ბაზარი	bazari
segmento (m) do mercado	ბაზრის სეგმენტი	bazris segment'i
produto (m)	პროდუქტი	p'rodukt'i
mercadoria (f)	საქონელი	sakoneli
marca (f) registrada	სავაჭრო მარკა	savach'ro mark'a
logotipo (m)	საფირმო ნიშანი	sapirmo nishani
logo (m)	ლოგოტიპი	logot'ip'i
demanda (f)	მოთხოვნა	motkhovna
oferta (f)	შეთავაზება	shetavazeba
necessidade (f)	მოთხოვნილება	motkhovnileba
consumidor (m)	მომხმარებელი	momkhmarebeli
análise (f)	ანალიზი	analizi
analisar (vt)	გაა
ნალიზება	gaanalizeba
posicionamento (m)	პოზიციონირება	p'ozitsionireba
posicionar (vt)	პოზიციონირება	p'ozitsionireba
preço (m)	ფასი	pasi
política (f) de preços	ფასების პოლიტიკა	pasebis p'olit'ik'a
formação (f) de preços	ფასწარმოქმნა	pasts'armokmna

77. Publicidade

publicidade (f)	რეკლამა	rek'lama
fazer publicidade	რეკლამირება	rek'lamireba
orçamento (m)	ბიუჯეტი	biujet'i
anúncio (m)	რეკლამა	rek'lama
publicidade (f) na TV	ტელერეკლამა	t'elerek'lama

| publicidade (f) na rádio | რეკლამა რადიოში | rek'lama radioshi |
| publicidade (f) exterior | გარე რეკლამა | gare rek'lama |

comunicação (f) de massa	მასობრივი ინფორმაციის საშუალებები	masobrivi inpormatsiis sashualebebi
periódico (m)	პერიოდული გამოცემა	p'erioduli gamotsema
imagem (f)	იმიჯი	imiji

| slogan (m) | ლოზუნგი | lozungi |
| mote (m), lema (f) | დევიზი | devizi |

campanha (f)	კამპანია	k'amp'ania
campanha (f) publicitária	სარეკლამო კამპანია	sarek'lamo k'amp'ania
grupo (m) alvo	მიზნობრივი აუდიტორია	miznobrivi audit'oria

cartão (m) de visita	სავიზიტო ბარათი	savizit'o barati
panfleto (m)	ფურცელი	purtseli
brochura (f)	ბროშურა	broshura
folheto (m)	ბუკლეტი	buk'let'i
boletim (~ informativo)	ბიულეტენი	biulet'eni

letreiro (m)	აბრა	abra
cartaz, pôster (m)	პლაკატი	p'lak'at'i
painel (m) publicitário	სარეკლამო ფარი	sarek'lamo pari

78. Banca

| banco (m) | ბანკი | bank'i |
| balcão (f) | განყოფილება | ganqopileba |

| consultor (m) bancário | კონსულტანტი | k'onsult'ant'i |
| gerente (m) | მმართველი | mmartveli |

conta (f)	ანგარიში	angarishi
número (m) da conta	ანგარიშის ნომერი	angarishis nomeri
conta (f) corrente	მიმდინარე ანგარიში	mimdinare angarishi
conta (f) poupança	დამაგროვებელი ანგარიში	damagrovebeli angarishi

abrir uma conta	ანგარიშის გახსნა	angarishis gakhsna
fechar uma conta	ანგარიშის დახურვა	angarishis dakhurva
depositar na conta	ანგარიშზე დადება	angarishze dadeba
sacar (vt)	ანგარიშიდან მოხსნა	angarishidan mokhsna

depósito (m)	ანაბარი	anabari
fazer um depósito	ანაბრის გაკეთება	anabris gak'eteba
transferência (f) bancária	გზავნილი	gzavnili
transferir (vt)	გზავნილის გაკეთება	gzavnilis gak'eteba

| soma (f) | თანხა | tankha |
| Quanto? | რამდენი? | ramdeni? |

assinatura (f)	ხელმოწერა	khelmots'era
assinar (vt)	ხელის მოწერა	khelis mots'era
cartão (m) de crédito	საკრედიტო ბარათი	sak'redit'o barati

senha (f)	კოდი	k'odi
número (m) do cartão de crédito	საკრედიტო ბარათის ნომერი	sak'redit'o baratis nomeri
caixa (m) eletrônico	ბანკომატი	bank'omat'i

cheque (m)	ჩეკი	chek'i
passar um cheque	ჩეკის გამოწერა	chek'is gamots'era
talão (m) de cheques	ჩეკების წიგნაკი	chek'ebis ts'ignak'i

empréstimo (m)	კრედიტი	k'redit'i
pedir um empréstimo	კრედიტისათვის მიმართვა	k'redit'isatvis mimartva
obter empréstimo	კრედიტის აღება	k'redit'is agheba
dar um empréstimo	კრედიტის წარდგენა	k'redit'is ts'ardgena
garantia (f)	გარანტია	garant'ia

79. Telefone. Conversação telefônica

telefone (m)	ტელეფონი	t'eleponi
celular (m)	მობილური ტელეფონი	mobiluri t'eleponi
secretária (f) eletrônica	ავტომოპასუხე	avt'omop'asukhe

| fazer uma chamada | რეკვა | rek'va |
| chamada (f) | ზარი | zari |

discar um número	ნომრის აკრეფა	nomris ak'repa
Alô!	ალო!	alo!
perguntar (vt)	კითხვა	k'itkhva
responder (vt)	პასუხის გაცემა	p'asukhis gatsema

ouvir (vt)	სმენა	smena
bem	კარგად	k'argad
mal	ცუდად	tsudad
ruído (m)	ხარვეზები	kharvezebi

fone (m)	ყურმილი	qurmili
pegar o telefone	ყურმილის აღება	qurmilis agheba
desligar (vi)	ყურმილის დადება	qurmilis dadeba

ocupado (adj)	დაკავებული	dak'avebuli
tocar (vi)	რეკვა	rek'va
lista (f) telefônica	სატელეფონო წიგნი	sat'elepono ts'igni

local (adj)	ადგილობრივი	adgilobrivi
de longa distância	საქალაქთაშორისო	sakalaktashoriso
internacional (adj)	საერთაშორისო	saertashoriso

80. Telefone móvel

celular (m)	მობილური ტელეფონი	mobiluri t'eleponi
tela (f)	დისპლეი	disp'lei
botão (m)	ღილაკი	ghilak'i
cartão SIM (m)	SIM-ბარათი	SIM-barati

bateria (f)	ბატარეა	bat'area
descarregar-se (vr)	განმუხტვა	ganmukht'va
carregador (m)	დასამუხტი მოწყობილობა	dasamukht'i mots'qobiloba

menu (m)	მენიუ	meniu
configurações (f pl)	აწყობა	ats'qoba
melodia (f)	მელოდია	melodia
escolher (vt)	არჩევა	archeva

calculadora (f)	კალკულატორი	k'alk'ulat'ori
correio (m) de voz	ავტომოპასუხე	avt'omop'asukhe
despertador (m)	მაღვიძარა	maghvidzara
contatos (m pl)	სატელეფონო წიგნი	sat'elepono ts'igni

| mensagem (f) de texto | SMS-შეტყობინება | SMS-shet'qobineba |
| assinante (m) | აბონენტი | abonent'i |

81. Estacionário

| caneta (f) | ავტოკალამი | avt'ok'alami |
| caneta (f) tinteiro | კალამი | k'alami |

lápis (m)	ფანქარი	pankari
marcador (m) de texto	მარკერი	mark'eri
caneta (f) hidrográfica	ფლომასტერი	plomast'eri

| bloco (m) de notas | ბლოკნოტი | blok'not'i |
| agenda (f) | დღიური | dghiuri |

régua (f)	სახაზავი	sakhazavi
calculadora (f)	კალკულატორი	k'alk'ulat'ori
borracha (f)	საშლელი	sashleli
alfinete (m)	ჭიკარტი	ch'ik'art'i
clipe (m)	სამაგრი	samagri

cola (f)	წებო	ts'ebo
grampeador (m)	სტეპლერი	st'ep'leri
furador (m) de papel	სახვრეტელა	sakhvret'ela
apontador (m)	სათლელი	satleli

82. Tipos de negócios

serviços (m pl) de contabilidade	საბუღალტრო მომსახურება	sabughalt'ro momsakhureba
publicidade (f)	რეკლამა	rek'lama
agência (f) de publicidade	სარეკლამო სააგენტო	sarek'lamo saagent'o
ar (m) condicionado	კონდიციონერები	k'onditsionerebi
companhia (f) aérea	ავიაკომპანია	aviak'omp'ania

bebidas (f pl) alcoólicas	სპირტიანი სასმელები	sp'irt'iani sasmelebi
comércio (m) de antiguidades	ანტიკვარიატი	ant'ik'variat'i
galeria (f) de arte	გალერეა	galerea

serviços (m pl) de auditoria	აუდიტორული მომსახურება	audit'oruli momsakhureba
negócios (m pl) bancários	საბანკო ბიზნესი	sabank'o biznesi
bar (m)	ბარი	bari
salão (m) de beleza	სილამაზის სალონი	silamazis saloni
livraria (f)	წიგნების მაღაზია	ts'ignebis maghazia
cervejaria (f)	ლუდსახარში	ludsakharshi
centro (m) de escritórios	ბიზნეს-ცენტრი	biznes-tsent'ri
escola (f) de negócios	ბიზნეს-სკოლა	biznes-sk'ola
cassino (m)	სამორინე	samorine
construção (f)	მშენებლობა	mshenebloba
consultoria (f)	კონსალტინგი	k'onsalt'ingi
clínica (f) dentária	სტომატოლოგია	st'omat'ologia
design (m)	დიზაინი	dizaini
drogaria (f)	აფთიაქი	aptiaki
lavanderia (f)	ქიმწმენდა	kimts'menda
agência (f) de emprego	კადრების სააგენტო	k'adrebis saagent'o
serviços (m pl) financeiros	საფინანსო მომსახურება	sapinanso momsakhureba
alimentos (m pl)	კვების პროდუქტები	k'vebis p'rodukt'ebi
funerária (f)	დამკრძალავი ბიურო	damk'rdzalavi biuro
mobiliário (m)	ავეჯი	aveji
roupa (f)	ტანსაცმელი	t'ansatsmeli
hotel (m)	სასტუმრო	sast'umro
sorvete (m)	ნაყინი	naqini
indústria (f)	მრეწველობა	mrets'veloba
seguro (~ de vida, etc.)	დაზღვევა	dazghveva
internet (f)	ინტერნეტი	int'ernet'i
investimento (m)	ინვესტიციები	invest'itsiebi
joalheiro (m)	იუველირი	iuveliri
joias (f pl)	საიუველირო ნაკეთობები	saiuveliro nak'etobebi
lavanderia (f)	სამრეცხაო	samretskhao
assessorias (f pl) jurídicas	იურიდიული მომსახურება	iuridiuli momsakhureba
indústria (f) ligeira	მსუბუქი მრეწველობა	msubuki mrets'veloba
revista (f)	ჟურნალი	zhurnali
vendas (f pl) por catálogo	კატალოგით ვაჭრობა	k'at'alogit vach'roba
medicina (f)	მედიცინა	meditsina
cinema (m)	კინოთეატრი	k'inoteat'ri
museu (m)	მუზეუმი	muzeumi
agência (f) de notícias	საინფორმაციო სააგენტო	sainpormatsio saagent'o
jornal (m)	გაზეთი	gazeti
boate (casa noturna)	ღამის კლუბი	ghamis k'lubi
petróleo (m)	ნავთობი	navtobi
serviços (m pl) de remessa	კურიერის სამსახური	k'urieris samsakhuri
indústria (f) farmacêutica	ფარმაცევტიკა	parmatsevt'ik'a
tipografia (f)	პოლიგრაფია	p'oligrapia
editora (f)	გამომცემლობა	gamomtsemloba
rádio (m)	რადიო	radio
imobiliário (m)	უძრავი ქონება	udzravi koneba

restaurante (m)	რესტორანი	rest'orani
empresa (f) de segurança	დაცვის სააგენტო	datsvis saagent'o
esporte (m)	სპორტი	sp'ort'i
bolsa (f) de valores	ბირჟა	birzha
loja (f)	მაღაზია	maghazia
supermercado (m)	სუპერმარკეტი	sup'ermark'et'i
piscina (f)	აუზი	auzi
alfaiataria (f)	ატელიე	at'elie
televisão (f)	ტელევიზია	t'elevizia
teatro (m)	თეატრი	teat'ri
comércio (m)	ვაჭრობა	vach'roba
serviços (m pl) de transporte	გადაზიდვები	gadazidvebi
viagens (f pl)	ტურიზმი	t'urizmi
veterinário (m)	ვეტერინარი	vet'erinari
armazém (m)	საწყობი	sats'qobi
recolha (f) do lixo	ნაგვის გატანა	nagvis gat'ana

Emprego. Negócios. Parte 2

83. Espetáculo. Feira

feira, exposição (f)	გამოფენა	gamopena
feira (f) comercial	სავაჭრო გამოფენა	savach'ro gamopena
participação (f)	მონაწილეობა	monats'ileoba
participar (vi)	მონაწილეობა	monats'ileoba
participante (m)	მონაწილე	monats'ile
diretor (m)	დირექტორი	direkt'ori
direção (f)	დირექცია,	direktsia,
	საორგანიზაციო კომიტეტი	saorganizatsio k'omit'et'i
organizador (m)	ორგანიზატორი	organizat'ori
organizar (vt)	ორგანიზება	organizeba
ficha (f) de inscrição	განაცხადი მონაწილეობაზე	ganatskhadi monats'ileobaze
preencher (vt)	შევსება	shevseba
detalhes (m pl)	დეტალები	det'alebi
informação (f)	ინფორმაცია	inpormatsia
preço (m)	ფასი	pasi
incluindo	ჩათვლით	chatvlit
incluir (vt)	ჩათვლა	chatvla
pagar (vt)	გადახდა	gadakhda
taxa (f) de inscrição	სარეგისტრაციო შესატანი	saregist'ratsio shesat'ani
entrada (f)	შესასვლელი	shesasvleli
pavilhão (m), salão (f)	პავილიონი	p'avilioni
inscrever (vt)	რეგისტრაციაში გატარება	regist'ratsiashi gat'areba
crachá (m)	ბეჯი	beji
stand (m)	სტენდი	st'endi
reservar (vt)	რეზერვირება	rezervireba
vitrine (f)	ვიტრინა	vit'rina
lâmpada (f)	ლამპარი	lamp'ari
design (m)	დიზაინი	dizaini
pôr (posicionar)	განლაგება	ganlageba
ser colocado, -a	განლაგება	ganlageba
distribuidor (m)	დისტრიბიუტორი	dist'ribiut'ori
fornecedor (m)	მიმწოდებელი	mimts'odebeli
fornecer (vt)	მიწოდება	mits'odeba
país (m)	ქვეყანა	kveqana
estrangeiro (adj)	უცხოური	utskhouri
produto (m)	პროდუქტი	p'rodukt'i
associação (f)	ასოციაცია	asotsiatsia

sala (f) de conferência	საკონფერენციო დარბაზი	sak'onperentsio darbazi
congresso (m)	კონგრესი	k'ongresi
concurso (m)	კონკურსი	k'onk'ursi

visitante (m)	მომსვლელი	momsvleli
visitar (vt)	ნახვა	nakhva
cliente (m)	შემკვეთი	shemk'veti

84. Ciência. Investigação. Cientistas

ciência (f)	მეცნიერება	metsniereba
científico (adj)	სამეცნიერო	sametsniero
cientista (m)	მეცნიერი	metsnieri
teoria (f)	თეორია	teoria

axioma (m)	აქსიომა	aksioma
análise (f)	ანალიზი	analizi
analisar (vt)	გაანალიზება	gaanalizeba
argumento (m)	არგუმენტი	argument'i
substância (f)	ნივთიერება	nivtiereba

hipótese (f)	ჰიპოთეზა	hip'oteza
dilema (m)	დილემა	dilema
tese (f)	დისერტაცია	disert'atsia
dogma (m)	დოგმა	dogma

doutrina (f)	დოქტრინა	dokt'rina
pesquisa (f)	გამოკვლევა	gamok'vleva
pesquisar (vt)	გამოკვლევა	gamok'vleva
testes (m pl)	კონტროლი	k'ont'roli
laboratório (m)	ლაბორატორია	laborat'oria

método (m)	მეთოდი	metodi
molécula (f)	მოლეკულა	molek'ula
monitoramento (m)	მონიტორინგი	monit'oringi
descoberta (f)	აღმოჩენა	aghmochena

postulado (m)	პოსტულატი	p'ost'ulat'i
princípio (m)	პრინციპი	p'rintsip'i
prognóstico (previsão)	პროგნოზი	p'rognozi
prognosticar (vt)	პროგნოზირება	p'rognozireba

síntese (f)	სინთეზი	sintezi
tendência (f)	ტენდენცია	t'endentsia
teorema (m)	თეორემა	teorema

ensinamentos (m pl)	მოძღვრება	modzghvreba
fato (m)	ფაქტი	pakt'i
expedição (f)	ექსპედიცია	eksp'editsia
experiência (f)	ექსპერიმენტი	eksp'eriment'i

acadêmico (m)	აკადემიკოსი	ak'ademik'osi
bacharel (m)	ბაკალავრი	bak'alavri
doutor (m)	დოქტორი	dokt'ori

professor (m) associado	დოცენტი	dotsent'i
mestrado (m)	მაგისტრი	magist'ri
professor (m)	პროფესორი	p'ropesori

Profissões e ocupações

85. Procura de emprego. Demissão

trabalho (m)	სამუშაო	samushao
equipe (f)	შტატი	sht'at'i
carreira (f)	კარიერა	k'ariera
perspectivas (f pl)	პერსპექტივა	p'ersp'ekt'iva
habilidades (f pl)	ოსტატობა	ost'at'oba
seleção (f)	შერჩევა	shercheva
agência (f) de emprego	კადრების სააგენტო	k'adrebis saagent'o
currículo (m)	რეზიუმე	reziume
entrevista (f) de emprego	გასაუბრება	gasaubreba
vaga (f)	ვაკანსია	vak'ansia
salário (m)	ხელფასი	khelpasi
salário (m) fixo	ხელფასი	khelpasi
pagamento (m)	საზღაური	sazghauri
cargo (m)	თანამდებობა	tanamdeboba
dever (do empregado)	მოვალეობა	movaleoba
gama (f) de deveres	არე	are
ocupado (adj)	დაკავებული	dak'avebuli
despedir, demitir (vt)	დათხოვნა	datkhovna
demissão (f)	დათხოვნა	datkhovna
desemprego (m)	უმუშევრობა	umushevroba
desempregado (m)	უმუშევარი	umushevari
aposentadoria (f)	პენსია	p'ensia
aposentar-se (vr)	პენსიაზე გასვლა	p'ensiaze gasvla

86. Gente de negócios

diretor (m)	დირექტორი	direkt'ori
gerente (m)	მმართველი	mmartveli
patrão, chefe (m)	ხელმძღვანელი	khelmdzghvaneli
superior (m)	უფროსი	uprosi
superiores (m pl)	უფროსობა	uprosoba
presidente (m)	პრეზიდენტი	p'rezident'i
chairman (m)	თავმჯდომარე	tavmjdomare
substituto (m)	მოადგილე	moadgile
assistente (m)	თანაშემწე	tanashemts'e
secretário (m)	მდივანი	mdivani

secretário (m) pessoal	პირადი მდივანი	p'iradi mdivani
homem (m) de negócios	ბიზნესმენი	biznesmeni
empreendedor (m)	მეწარმე	mets'arme
fundador (m)	დამაარსებელი	damaarsebeli
fundar (vt)	დაარსება	daarseba

principiador (m)	დამფუძნებელი	dampudznebeli
parceiro, sócio (m)	პარტნიორი	p'art'niori
acionista (m)	აქციონერი	aktsioneri

milionário (m)	მილიონერი	milioneri
bilionário (m)	მილიარდერი	miliarderi
proprietário (m)	მფლობელი	mplobeli
proprietário (m) de terras	მიწათმფლობელი	mits'atmplobeli

cliente (m)	კლიენტი	k'lient'i
cliente (m) habitual	მუდმივი კლიენტი	mudmivi k'lient'i
comprador (m)	მყიდველი	mqidveli
visitante (m)	მომსვლელი	momsvleli

profissional (m)	პროფესიონალი	p'ropesionali
perito (m)	ექსპერტი	eksp'ert'i
especialista (m)	სპეციალისტი	sp'etsialist'i

| banqueiro (m) | ბანკირი | bank'iri |
| corretor (m) | ბროკერი | brok'eri |

caixa (m, f)	მოლარე	molare
contador (m)	ბუღალტერი	bughalt'eri
guarda (m)	მცველი	mtsveli

investidor (m)	ინვესტორი	invest'ori
devedor (m)	მოვალე	movale
credor (m)	კრედიტორი	k'redit'ori
mutuário (m)	მსესხებელი	mseskhebeli

| importador (m) | იმპორტიორი | imp'ort'iori |
| exportador (m) | ექსპორტიორი | eksp'ort'iori |

produtor (m)	მწარმოებელი	mts'armoebeli
distribuidor (m)	დისტრიბიუტორი	dist'ribiut'ori
intermediário (m)	შუამავალი	shuamavali

consultor (m)	კონსულტანტი	k'onsult'ant'i
representante comercial	წარმომადგენელი	ts'armomadgeneli
agente (m)	აგენტი	agent'i
agente (m) de seguros	დაზღვევის აგენტი	dazghvevis agent'i

87. Profissões de serviços

cozinheiro (m)	მზარეული	mzareuli
chefe (m) de cozinha	შეფ-მზარეული	shep-mzareuli
padeiro (m)	მცხობელი	mtskhobeli
barman (m)	ბარმენი	barmeni

garçom (m)	ოფიციანტი	opitsiant'i
garçonete (f)	ოფიციანტი	opitsiant'i
advogado (m)	ადვოკატი	advok'at'i
jurista (m)	იურისტი	iurist'i
notário (m)	ნოტარიუსი	not'ariusi
eletricista (m)	ელექტრიკოსი	elekt'rik'osi
encanador (m)	სანტექნიკოსი	sant'eknik'osi
carpinteiro (m)	ხურო	khuro
massagista (m)	მასაჟისტი	masazhist'i
massagista (f)	მასაჟისტი	masazhist'i
médico (m)	ექიმი	ekimi
taxista (m)	ტაქსისტი	t'aksist'i
condutor (automobilista)	მძღოლი	mdzgholi
entregador (m)	კურიერი	k'urieri
camareira (f)	მოახლე	moakhle
guarda (m)	მცველი	mtsveli
aeromoça (f)	სტიუარდესა	st'iuardesa
professor (m)	მასწავლებელი	masts'avlebeli
bibliotecário (m)	ბიბლიოთეკარი	bibliotek'ari
tradutor (m)	მთარგმნელი	mtargmneli
intérprete (m)	თარჯიმანი	tarjimani
guia (m)	გიდი	gidi
cabeleireiro (m)	პარიკმახერი	p'arik'makheri
carteiro (m)	ფოსტალიონი	post'alioni
vendedor (m)	გამყიდველი	gamqidveli
jardineiro (m)	მებაღე	mebaghe
criado (m)	მსახური	msakhuri
criada (f)	მოახლე	moakhle
empregada (f) de limpeza	დამლაგებელი	damlagebeli

88. Profissões militares e postos

soldado (m) raso	რიგითი	rigiti
sargento (m)	სერჟანტი	serzhant'i
tenente (m)	ლეიტენანტი	leit'enant'i
capitão (m)	კაპიტანი	k'ap'it'ani
major (m)	მაიორი	maiori
coronel (m)	პოლკოვნიკი	p'olk'ovnik'i
general (m)	გენერალი	generali
marechal (m)	მარშალი	marshali
almirante (m)	ადმირალი	admirali
militar (m)	სამხედრო	samkhedro
soldado (m)	ჯარისკაცი	jarisk'atsi
oficial (m)	ოფიცერი	opitseri

comandante (m)	მეთაური	metauri
guarda (m) de fronteira	მესაზღვრე	mesazghvre
operador (m) de rádio	რადისტი	radist'i
explorador (m)	მზვერავი	mzveravi
sapador-mineiro (m)	მესანგრე	mesangre
atirador (m)	მსროლელი	msroleli
navegador (m)	შტურმანი	sht'urmani

89. Oficiais. Padres

rei (m)	მეფე	mepe
rainha (f)	დედოფალი	dedopali
príncipe (m)	პრინცი	p'rintsi
princesa (f)	პრინცესა	p'rintsesa
czar (m)	მეფე	mepe
czarina (f)	მეფე	mepe
presidente (m)	პრეზიდენტი	p'rezident'i
ministro (m)	მინისტრი	minist'ri
primeiro-ministro (m)	პრემიერ-მინისტრი	p'remier-minist'ri
senador (m)	სენატორი	senat'ori
diplomata (m)	დიპლომატი	dip'lomat'i
cônsul (m)	კონსული	k'onsuli
embaixador (m)	ელჩი	elchi
conselheiro (m)	მრჩეველი	mrcheveli
funcionário (m)	მოხელე	mokhele
prefeito (m)	პრეფექტი	p'repekt'i
Presidente (m) da Câmara	მერი	meri
juiz (m)	მოსამართლე	mosamartle
procurador (m)	პროკურორი	p'rok'urori
missionário (m)	მისიონერი	misioneri
monge (m)	ბერი	beri
abade (m)	აბატი	abat'i
rabino (m)	რაბინი	rabini
vizir (m)	ვეზირი	veziri
xá (m)	შახი	shakhi
xeique (m)	შეიხი	sheikhi

90. Profissões agrícolas

abelheiro (m)	მეფუტკრე	meput'k're
pastor (m)	მწყემსი	mts'qemsi
agrônomo (m)	აგრონომი	agronomi
criador (m) de gado	მეცხოველე	metskhovele
veterinário (m)	ვეტერინარი	vet'erinari

agricultor, fazendeiro (m)	ფერმერი	permeri
vinicultor (m)	მეღვინე	meghvine
zoólogo (m)	ზოოლოგი	zoologi
vaqueiro (m)	კოვბოი	k'ovboi

91. Profissões artísticas

ator (m)	მსახიობი	msakhiobi
atriz (f)	მსახიობი	msakhiobi
cantor (m)	მომღერალი	momgherali
cantora (f)	მომღერალი	momgherali
bailarino (m)	მოცეკვავე	motsek'vave
bailarina (f)	მოცეკვავე	motsek'vave
artista (m)	არტისტი	art'ist'i
artista (f)	არტისტი	art'ist'i
músico (m)	მუსიკოსი	musik'osi
pianista (m)	პიანისტი	p'ianist'i
guitarrista (m)	გიტარისტი	git'arist'i
maestro (m)	დირიჟორი	dirizhori
compositor (m)	კომპოზიტორი	k'omp'ozit'ori
empresário (m)	იმპრესარიო	imp'resario
diretor (m) de cinema	რეჟისორი	rezhisori
produtor (m)	პროდიუსერი	p'rodiuseri
roteirista (m)	სცენარისტი	stsenarist'i
crítico (m)	კრიტიკოსი	k'rit'ik'osi
escritor (m)	მწერალი	mts'erali
poeta (m)	პოეტი	p'oet'i
escultor (m)	მოქანდაკე	mokandak'e
pintor (m)	მხატვარი	mkhat'vari
malabarista (m)	ჟონგლიორი	zhongliori
palhaço (m)	ჯამბაზი	jambazi
acrobata (m)	აკრობატი	ak'robat'i
ilusionista (m)	ფოკუსნიკი	pok'usnik'i

92. Várias profissões

médico (m)	ექიმი	ekimi
enfermeira (f)	მედდა	medda
psiquiatra (m)	ფსიქიატრი	psikiat'ri
dentista (m)	სტომატოლოგი	st'omat'ologi
cirurgião (m)	ქირურგი	kirurgi
astronauta (m)	ასტრონავტი	ast'ronavt'i
astrônomo (m)	ასტრონომი	ast'ronomi

motorista (m)	მძღოლი	mdzgholi
maquinista (m)	მემანქანე	memankane
mecânico (m)	მექანიკოსი	mekanik'osi
mineiro (m)	მეშახტე	meshakht'e
operário (m)	მუშა	musha
serralheiro (m)	ზეინკალი	zeink'ali
marceneiro (m)	დურგალი	durgali
torneiro (m)	ხარატი	kharat'i
construtor (m)	მშენებელი	mshenebeli
soldador (m)	შემდუღებელი	shemdughebeli
professor (m)	პროფესორი	p'ropesori
arquiteto (m)	არქიტექტორი	arkit'ekt'ori
historiador (m)	ისტორიკოსი	ist'orik'osi
cientista (m)	მეცნიერი	metsnieri
físico (m)	ფიზიკოსი	pizik'osi
químico (m)	ქიმიკოსი	kimik'osi
arqueólogo (m)	არქეოლოგი	arkeologi
geólogo (m)	გეოლოგი	geologi
pesquisador (cientista)	მკვლევარი	mk'vlevari
babysitter, babá (f)	ძიძა	dzidza
professor (m)	პედაგოგი	p'edagogi
redator (m)	რედაქტორი	redakt'ori
redator-chefe (m)	მთავარი რედაქტორი	mtavari redakt'ori
correspondente (m)	კორესპონდენტი	k'oresp'ondent'i
datilógrafa (f)	მბეჭდავი	mbech'davi
designer (m)	დიზაინერი	dizaineri
especialista (m) em informática	კომპიუტერის სპეციალისტი	k'omp'iut'eris sp'etsialist'i
programador (m)	პროგრამისტი	p'rogramist'i
engenheiro (m)	ინჟინერი	inzhineri
marujo (m)	მეზღვაური	mezghvauri
marinheiro (m)	მატროსი	mat'rosi
socorrista (m)	მაშველი	mashveli
bombeiro (m)	მეხანძრე	mekhandzre
polícia (m)	პოლიციელი	p'olitsieli
guarda-noturno (m)	დარაჯი	daraji
detetive (m)	მაძებარი	madzebari
funcionário (m) da alfândega	მებაჟე	mebazhe
guarda-costas (m)	მცველი	mtsveli
guarda (m) prisional	მეთვალყურე	metvalqure
inspetor (m)	ინსპექტორი	insp'ekt'ori
esportista (m)	სპორტსმენი	sp'ort'smeni
treinador (m)	მწვრთნელი	mts'vrtneli
açougueiro (m)	ყასაბი	qasabi
sapateiro (m)	მეჩექმე	mechekme
comerciante (m)	კომერსანტი	k'omersant'i

carregador (m)	მტვირთავი	mt'virtavi
estilista (m)	მოდელიერი	modelieri
modelo (f)	მოდელი	modeli

93. Ocupações. Estatuto social

| estudante (~ de escola) | სკოლის მოსწავლე | sk'olis mosts'avle |
| estudante (~ universitária) | სტუდენტი | st'udent'i |

filósofo (m)	ფილოსოფოსი	pilosoposi
economista (m)	ეკონომისტი	ek'onomist'i
inventor (m)	გამომგონებელი	gamomgonebeli

desempregado (m)	უმუშევარი	umushevari
aposentado (m)	პენსიონერი	p'ensioneri
espião (m)	ჯაშუში	jashushi

preso, prisioneiro (m)	პატიმარი	p'at'imari
grevista (m)	გაფიცული	gapitsuli
burocrata (m)	ბიurokrat'i	biurok'rat'i
viajante (m)	მოგზაური	mogzauri

homossexual (m)	ჰომოსექსუალისტი	homoseksualist'i
hacker (m)	ჰაკერი	hak'eri
hippie (m, f)	ჰიპი	hip'i

bandido (m)	ბანდიტი	bandit'i
assassino (m)	დაქირავებული მკვლელი	dakiravebuli mk'vleli
drogado (m)	ნარკომანი	nark'omani
traficante (m)	ნარკოტიკებით მოვაჭრე	nark'ot'ik'ebit movach're
prostituta (f)	მეძავი	medzavi
cafetão (m)	სუტენიორი	sut'eniori

bruxo (m)	ჯადოსანი	jadosani
bruxa (f)	ჯადოსანი	jadosani
pirata (m)	მეკობრე	mek'obre
escravo (m)	მონა	mona
samurai (m)	სამურაი	samurai
selvagem (m)	ველური	veluri

Educação

94. Escola

escola (f)	სკოლა	sk'ola
diretor (m) de escola	სკოლის დირექტორი	sk'olis direkt'ori
aluno (m)	მოწაფე	mots'ape
aluna (f)	მოწაფე	mots'ape
estudante (m)	სკოლის მოსწავლე	sk'olis mosts'avle
estudante (f)	სკოლის მოსწავლე	sk'olis mosts'avle
ensinar (vt)	სწავლება	sts'avleba
aprender (vt)	სწავლა	sts'avla
decorar (vt)	ზეპირად სწავლა	zep'irad sts'avla
estudar (vi)	სწავლა	sts'avla
estar na escola	სწავლა	sts'avla
ir à escola	სკოლაში სვლა	sk'olashi svla
alfabeto (m)	ანბანი	anbani
disciplina (f)	საგანი	sagani
sala (f) de aula	კლასი	k'lasi
lição, aula (f)	გაკვეთილი	gak'vetili
recreio (m)	შესვენება	shesveneba
toque (m)	ზარი	zari
classe (f)	მერხი	merkhi
quadro (m) negro	დაფა	dapa
nota (f)	ნიშანი	nishani
boa nota (f)	კარგი ნიშანი	k'argi nishani
nota (f) baixa	ცუდი ნიშანი	tsudi nishani
dar uma nota	ნიშნის დაწერა	nishnis dats'era
erro (m)	შეცდომა	shetsdoma
errar (vi)	შეცდომის დაშვება	shetsdomis dashveba
corrigir (~ um erro)	გამოსწორება	gamosts'oreba
cola (f)	შპარგალკა	shp'argalk'a
dever (m) de casa	საშინაო დავალება	sashinao davaleba
exercício (m)	სავარჯიშო	savarjisho
estar presente	დასწრება	dasts'reba
estar ausente	არდასწრება	ardasts'reba
faltar às aulas	გაკვეთილების გაცდენა	gak'vetilebis gatsdena
punir (vt)	დასჯა	dasja
punição (f)	სასჯელი	sasjeli
comportamento (m)	ყოფაქცევა	qopaktseva

boletim (m) escolar	დღიური	dghiuri
lápis (m)	ფანქარი	pankari
borracha (f)	საშლელი	sashleli
giz (m)	ცარცი	tsartsi
porta-lápis (m)	საკალმე	sak'alme

mala, pasta, mochila (f)	ჩანთა	chanta
caneta (f)	კალმისტარი	k'almist'ari
caderno (m)	რვეული	rveuli
livro (m) didático	სახელმძღვანელო	sakhelmdzghvanelo
compasso (m)	ფარგალი	pargali

traçar (vt)	ხაზვა	khazva
desenho (m) técnico	ნახაზი	nakhazi

poesia (f)	ლექსი	leksi
de cor	ზეპირად	zep'irad
decorar (vt)	ზეპირად სწავლა	zep'irad sts'avla

férias (f pl)	არდადეგები	ardadegebi
estar de férias	არდადეგებზე ყოფნა	ardadegebze qopna
passar as férias	არდადეგების გატარება	ardadegebis gat'areba

teste (m), prova (f)	საკონტროლო სამუშაო	sak'ont'rolo samushao
redação (f)	თხზულება	tkhzuleba
ditado (m)	კარნახი	k'arnakhi
exame (m), prova (f)	გამოცდა	gamotsda
fazer prova	გამოცდების ჩაბარება	gamotsdebis chabareba
experiência (~ química)	ცდა	tsda

95. Colégio. Universidade

academia (f)	აკადემია	ak'ademia
universidade (f)	უნივერსიტეტი	universit'et'i
faculdade (f)	ფაკულტეტი	pak'ult'et'i

estudante (m)	სტუდენტი	st'udent'i
estudante (f)	სტუდენტი	st'udent'i
professor (m)	მასწავლებელი	masts'avlebeli

auditório (m)	აუდიტორია	audit'oria
graduado (m)	კურსდამთავრებული	k'ursdamtavrebuli

diploma (m)	დიპლომი	dip'lomi
tese (f)	დისერტაცია	disert'atsia

estudo (obra)	გამოკვლევა	gamok'vleva
laboratório (m)	ლაბორატორია	laborat'oria

palestra (f)	ლექცია	lektsia
colega (m) de curso	თანაკურსელი	tanak'urseli

bolsa (f) de estudos	სტიპენდია	st'ip'endia
grau (m) acadêmico	სამეცნიერო ხარისხი	sametsniero khariskhi

96. Ciências. Disciplinas

matemática (f)	მათემატიკა	matemat'ik'a
álgebra (f)	ალგებრა	algebra
geometria (f)	გეომეტრია	geomet'ria

astronomia (f)	ასტრონომია	ast'ronomia
biologia (f)	ბიოლოგია	biologia
geografia (f)	გეოგრაფია	geograpia
geologia (f)	გეოლოგია	geologia
história (f)	ისტორია	ist'oria

medicina (f)	მედიცინა	meditsina
pedagogia (f)	პედაგოგიკა	p'edagogik'a
direito (m)	სამართალი	samartali

física (f)	ფიზიკა	pizik'a
química (f)	ქიმია	kimia
filosofia (f)	ფილოსოფია	pilosopia
psicologia (f)	ფსიქოლოგია	psikologia

97. Sistema de escrita. Ortografia

gramática (f)	გრამატიკა	gramat'ik'a
vocabulário (m)	ლექსიკა	leksik'a
fonética (f)	ფონეტიკა	ponet'ik'a

substantivo (m)	არსებითი სახელი	arsebiti sakheli
adjetivo (m)	ზედსართავი სახელი	zedsartavi sakheli
verbo (m)	ზმნა	zmna
advérbio (m)	ზმნიზედა	zmnizeda

pronome (m)	ნაცვალსახელი	natsvalsakheli
interjeição (f)	შორისდებული	shorisdebuli
preposição (f)	წინდებული	ts'indebuli

raiz (f)	სიტყვის ძირი	sit'qvis dziri
terminação (f)	დაბოლოება	daboloeba
prefixo (m)	წინსართი	ts'insarti
sílaba (f)	მარცვალი	martsvali
sufixo (m)	სუფიქსი	supiksi

acento (m)	მახვილი	makhvili
apóstrofo (f)	აპოსტროფი	ap'ost'ropi

ponto (m)	წერტილი	ts'ert'ili
vírgula (f)	მძიმე	mdzime
ponto e vírgula (m)	წერტილ-მძიმე	ts'ert'il-mdzime
dois pontos (m pl)	ორწერტილი	orts'ert'ili
reticências (f pl)	მრავალწერტილი	mravalts'ert'ili

ponto (m) de interrogação	კითხვის ნიშანი	k'itkhvis nishani
ponto (m) de exclamação	ძახილის ნიშანი	dzakhilis nishani

aspas (f pl)	ბრჭყალები	brch'qalebi
entre aspas	ბრჭყალებში	brch'qalebshi
parênteses (m pl)	ფრჩხილები	prchkhilebi
entre parênteses	ფრჩხილებში	prchkhilebshi
hífen (m)	დეფისი	depisi
travessão (m)	ტირე	t'ire
espaço (m)	შუალედი	shualedi
letra (f)	ასო	aso
letra (f) maiúscula	დიდი ასო	didi aso
vogal (f)	ხმოვანი ბგერა	khmovani bgera
consoante (f)	თანხმოვანი ბგერა	tankhmovani bgera
frase (f)	წინადადება	ts'inadadeba
sujeito (m)	ქვემდებარე	kvemdebare
predicado (m)	შემასმენელი	shemasmeneli
linha (f)	სტრიქონი	st'rikoni
em uma nova linha	ახალი სტრიქონიდან	akhali st'rikonidan
parágrafo (m)	აბზაცი	abzatsi
palavra (f)	სიტყვა	sit'qva
grupo (m) de palavras	შესიტყვება	shesit'qveba
expressão (f)	გამოთქმა	gamotkma
sinônimo (m)	სინონიმი	sinonimi
antônimo (m)	ანტონიმი	ant'onimi
regra (f)	წესი	ts'esi
exceção (f)	გამონაკლისი	gamonak'lisi
correto (adj)	სწორი	sts'ori
conjugação (f)	უღლება	ughleba
declinação (f)	ბრუნება	bruneba
caso (m)	ბრუნვა	brunva
pergunta (f)	კითხვა	k'itkhva
sublinhar (vt)	ხაზის გასმა	khazis gasma
linha (f) pontilhada	პუნქტირი	p'unkt'iri

98. Línguas estrangeiras

língua (f)	ენა	ena
estrangeiro (adj)	უცხო	utskho
estudar (vt)	შესწავლა	shests'avla
aprender (vt)	სწავლა	sts'avla
ler (vt)	კითხვა	k'itkhva
falar (vi)	ლაპარაკი	lap'arak'i
entender (vt)	გაგება	gageba
escrever (vt)	წერა	ts'era
rapidamente	სწრაფად	sts'rapad
devagar, lentamente	ნელა	nela

fluentemente	თავისუფლად	tavisuplad
regras (f pl)	წესები	ts'esebi
gramática (f)	გრამატიკა	gramat'ik'a
vocabulário (m)	ლექსიკა	leksik'a
fonética (f)	ფონეტიკა	ponet'ik'a
livro (m) didático	სახელმძღვანელო	sakhelmdzghvanelo
dicionário (m)	ლექსიკონი	leksik'oni
manual (m) autodidático	თვითმასწავლებელი	tvitmasts'avlebeli
guia (m) de conversação	სასაუბრო	sasaubro
fita (f) cassete	კასეტი	k'aset'i
videoteipe (m)	ვიდეოკასეტი	videok'aset'i
CD (m)	კომპაქტური დისკი	k'omp'akt'uri disk'i
DVD (m)	დივიდი	dividi
alfabeto (m)	ანბანი	anbani
soletrar (vt)	ასოებით გამოთქმა	asoebit gamotkma
pronúncia (f)	წარმოთქმა	ts'armotkma
sotaque (m)	აქცენტი	aktsent'i
com sotaque	აქცენტით	aktsent'it
sem sotaque	უაქცენტოდ	uaktsent'od
palavra (f)	სიტყვა	sit'qva
sentido (m)	მნიშვნელობა	mnishvneloba
curso (m)	კურსები	k'ursebi
inscrever-se (vr)	ჩაწერა	chats'era
professor (m)	მასწავლებელი	masts'avlebeli
tradução (processo)	თარგმნა	targmna
tradução (texto)	თარგმანი	targmani
tradutor (m)	მთარგმნელი	mtargmneli
intérprete (m)	თარჯიმანი	tarjimani
poliglota (m)	პოლიგლოტი	p'oliglot'i
memória (f)	მეხსიერება	mekhsiereba

Descanso. Entretenimento. Viagens

99. Viagens

turismo (m)	ტურიზმი	t'urizmi
turista (m)	ტურისტი	t'urist'i
viagem (f)	მოგზაურობა	mogzauroba
aventura (f)	თავგადასავალი	tavgadasavali
percurso (curta viagem)	ხანმოკლე მოგზაურობა	khanmok'le mogzauroba
férias (f pl)	შვებულება	shvebuleba
estar de férias	შვებულებაში ყოფნა	shvebulebashi qopna
descanso (m)	დასვენება	dasveneba
trem (m)	მატარებელი	mat'arebeli
de trem (chegar ~)	მატარებლით	mat'areblit
avião (m)	თვითმფრინავი	tvitmprinavi
de avião	თვითმფრინავით	tvitmprinavit
de carro	ავტომობილით	avt'omobilit
de navio	გემით	gemit
bagagem (f)	ბარგი	bargi
mala (f)	ჩემოდანი	chemodani
carrinho (m)	ურიკა	urik'a
passaporte (m)	პასპორტი	p'asp'ort'i
visto (m)	ვიზა	viza
passagem (f)	ბილეთი	bileti
passagem (f) aérea	ავიაბილეთი	aviabileti
guia (m) de viagem	მეგზური	megzuri
mapa (m)	რუკა	ruk'a
área (f)	ადგილი	adgili
lugar (m)	ადგილი	adgili
exotismo (m)	ეგზოტიკა	egzot'ik'a
exótico (adj)	ეგზოტიკური	egzot'ik'uri
surpreendente (adj)	საოცარი	saotsari
grupo (m)	ჯგუფი	jgupi
excursão (f)	ექსკურსია	eksk'ursia
guia (m)	ექსკურსიის მძღოლი	eksk'ursiis mdzgholi

100. Hotel

hotel (m)	სასტუმრო	sast'umro
motel (m)	მოტელი	mot'eli
três estrelas	სამი ვარსკვლავი	sami varsk'vlavi

cinco estrelas	ხუთი ვარსკვლავი	khuti varsk'vlavi
ficar (vi, vt)	გაჩერება	gachereba

quarto (m)	ნომერი	nomeri
quarto (m) individual	ერთადგილიანი ნომერი	ertadgiliani nomeri
quarto (m) duplo	ორადგილიანი ნომერი	oradgiliani nomeri
reservar um quarto	ნომერის დაჯავშნა	nomeris dajavshna

meia pensão (f)	ნახევარპანსიონი	nakhevarp'ansioni
pensão (f) completa	სრული პანსიონი	sruli p'ansioni

com banheira	სააბაზანოთი	saabazanoti
com chuveiro	შხაპით	shkhap'it
televisão (m) por satélite	თანამგზავრული ტელევიზია	tanamgzavruli t'elevizia
ar (m) condicionado	კონდიციონერი	k'onditsioneri
toalha (f)	პირსახოცი	p'irsakhotsi
chave (f)	გასაღები	gasaghebi

administrador (m)	ადმინისტრატორი	administ'rat'ori
camareira (f)	მოახლე	moakhle
bagageiro (m)	მებარგული	mebarguli
porteiro (m)	პორტიე	p'ort'ie

restaurante (m)	რესტორანი	rest'orani
bar (m)	ბარი	bari
café (m) da manhã	საუზმე	sauzme
jantar (m)	ვახშამი	vakhshami
bufê (m)	შვედური მაგიდა	shveduri magida

saguão (m)	ვესტიბიული	vest'ibiuli
elevador (m)	ლიფტი	lipt'i

NÃO PERTURBE	ნუ შემაწუხებთ	nu shemats'ukhebt
PROIBIDO FUMAR!	ნუ მოსწევთ!	nu mosts'evt!

EQUIPAMENTO TÉCNICO. TRANSPORTES

Equipamento técnico. Transportes

101. Computador

computador (m)	კომპიუტერი	k'omp'iut'eri
computador (m) portátil	ნოუთბუქი	noutbuk'i
ligar (vt)	ჩართვა	chartva
desligar (vt)	გამორთვა	gamortva
teclado (m)	კლავიატურა	k'laviat'ura
tecla (f)	კლავიში	k'lavishi
mouse (m)	თაგუნა	taguna
tapete (m) para mouse	ქვეშსადები	kveshsadebi
botão (m)	ღილაკი	ghilak'i
cursor (m)	კურსორი	k'ursori
monitor (m)	მონიტორი	monit'ori
tela (f)	ეკრანი	ek'rani
disco (m) rígido	მყარი დისკი	mqari disk'i
capacidade (f) do disco rígido	მყარი დისკის მოცულობა	mqari disk'is motsuloba
memória (f)	მეხსიერება	mekhsiereba
memória RAM (f)	ოპერატიული მეხსიერება	op'erat'iuli mekhsiereba
arquivo (m)	ფაილი	paili
pasta (f)	საქაღალდე	sakaghalde
abrir (vt)	გახსნა	gakhsna
fechar (vt)	დახურვა	dakhurva
salvar (vt)	შენახვა	shenakhva
deletar (vt)	წაშლა	ts'ashla
copiar (vt)	კოპირება	k'op'ireba
ordenar (vt)	სორტირება	sort'ireba
copiar (vt)	გადაწერა	gadats'era
programa (m)	პროგრამა	p'rograma
software (m)	პროგრამული უზრუნველყოფა	p'rogramuli uzrunvelqopa
programador (m)	პროგრამისტი	p'rogramist'i
programar (vt)	პროგრამირება	p'rogramireba
hacker (m)	ჰაკერი	hak'eri
senha (f)	პაროლი	p'aroli
vírus (m)	ვირუსი	virusi
detectar (vt)	აღმოჩენა	aghmochena

| byte (m) | ბაიტი | bait'i |
| megabyte (m) | მეგაბაიტი | megabait'i |

| dados (m pl) | მონაცემები | monatsemebi |
| base (f) de dados | მონაცემთა ბაზა | monatsemta baza |

cabo (m)	კაბელი	k'abeli
desconectar (vt)	მოწილება	motsileba
conectar (vt)	შეერთება	sheerteba

102. Internet. E-mail

internet (f)	ინტერნეტი	int'ernet'i
browser (m)	ბრაუზერი	brauzeri
motor (m) de busca	საძიებო რესურსი	sadziebo resursi
provedor (m)	პროვაიდერი	p'rovaideri

webmaster (m)	ვებ-მასტერი	veb-mast'eri
website (m)	ვებ-საიტი	veb-sait'i
web page (f)	ვებ-გვერდი	veb-gverdi

| endereço (m) | მისამართი | misamarti |
| livro (m) de endereços | სამისამართო წიგნაკი | samisamarto ts'ignak'i |

caixa (f) de correio	საფოსტო ყუთი	sapost'o quti
correio (m)	ფოსტა	post'a
cheia (caixa de correio)	გავსებული	gavsebuli

mensagem (f)	შეტყობინება	shet'qobineba
mensagens (f pl) recebidas	შემავალი შეტყობინებები	shemavali shet'qobinebebi
mensagens (f pl) enviadas	გამავალი შეტყობინებები	gamavali shet'qobinebebi

remetente (m)	გამგზავნი	gamgzavni
enviar (vt)	გაგზავნა	gagzavna
envio (m)	გაგზავნა	gagzavna

| destinatário (m) | მიმღები | mimghebi |
| receber (vt) | მიღება | migheba |

| correspondência (f) | მიმოწერა | mimots'era |
| corresponder-se (vr) | მიმოწერის ქონა | mimots'eris kona |

arquivo (m)	ფაილი	paili
fazer download, baixar (vt)	ჩამოტვირთვა	chamot'virtva
criar (vt)	შექმნა	shekmna
deletar (vt)	წაშლა	ts'ashla
deletado (adj)	წაშლილი	ts'ashlili

conexão (f)	კავშირი	k'avshiri
velocidade (f)	სიჩქარე	sichkare
modem (m)	მოდემი	modemi
acesso (m)	შეღწევა	sheghts'eva
porta (f)	პორტი	p'ort'i
conexão (f)	ჩართვა	chartva

conectar (vi)	ჩართვა	chartva
escolher (vt)	არჩევა	archeva
buscar (vt)	ძებნა	dzebna

103. Eletricidade

eletricidade (f)	ელექტრობა	elekt'roba
elétrico (adj)	ელექტრული	elekt'ruli
planta (f) elétrica	ელექტროსადგური	elekt'rosadguri
energia (f)	ენერგია	energia
energia (f) elétrica	ელექტროენერგია	elekt'roenergia
lâmpada (f)	ნათურა	natura
lanterna (f)	ფარანი	parani
poste (m) de iluminação	ფარანი	parani
luz (f)	შუქი	shuki
ligar (vt)	ჩართვა	chartva
desligar (vt)	გამორთვა	gamortva
apagar a luz	შუქის ჩაქრობა	shukis chakroba
queimar (vi)	გადაწვა	gadats'va
curto-circuito (m)	მოკლე ჩართვა	mok'le chartva
ruptura (f)	გაწყვეტა	gats'qvet'a
contato (m)	კონტაქტი	k'ont'akt'i
interruptor (m)	ამომრთველი	amomrtveli
tomada (de parede)	როზეტი	rozet'i
plugue (m)	ჩანგალი	changali
extensão (f)	დამაგრძელებელი	damagrdzelebeli
fusível (m)	დამცველი	damtsveli
fio, cabo (m)	სადენი	sadeni
instalação (f) elétrica	გაყვანილობა	gaqvaniloba
ampère (m)	ამპერი	amp'eri
amperagem (f)	დენის ძალა	denis dzala
volt (m)	ვოლტი	volt'i
voltagem (f)	ძაბვა	dzabva
aparelho (m) elétrico	ელექტროხელსაწყო	elekt'rokhelsats'qo
indicador (m)	ინდიკატორი	indik'at'ori
eletricista (m)	ელექტრიკოსი	elekt'rik'osi
soldar (vt)	რჩილვა	rchilva
soldador (m)	სარჩილავი	sarchilavi
corrente (f) elétrica	დენი	deni

104. Ferramentas

ferramenta (f)	ხელსაწყო	khelsats'qo
ferramentas (f pl)	ხელსაწყოები	khelsats'qoebi

equipamento (m)	მოწყობილობა	mots'qobiloba
martelo (m)	ჩაქუჩი	chakuchi
chave (f) de fenda	სახრახნისი	sakhrakhnisi
machado (m)	ნაჯახი	najakhi

serra (f)	ხერხი	kherkhi
serrar (vt)	ხერხვა	kherkhva
plaina (f)	შალაშინი	shalashini
aplainar (vt)	გაშალაშინება	gashalashineba
soldador (m)	სარჩილავი	sarchilavi
soldar (vt)	რჩილვა	rchilva

lima (f)	ქლიბი	klibi
tenaz (f)	გაზი	gazi
alicate (m)	ბრტყელტუჩა	brt'qelt'ucha
formão (m)	ხვეწი	khvets'i

broca (f)	ბურღი	burghi
furadeira (f) elétrica	დრელი	dreli
furar (vt)	გაბურღვა	gaburghva

faca (f)	დანა	dana
lâmina (f)	პირი	p'iri

afiado (adj)	ბასრი	basri
cego (adj)	ბლაგვი	blagvi
embotar-se (vr)	დაბლაგვება	dablagveba
afiar, amolar (vt)	ლესვა	lesva

parafuso (m)	ჭანჭიკი	ch'anch'ik'i
porca (f)	ქანჩი	kanchi
rosca (f)	კუთხვილი	k'utkhvili
parafuso (para madeira)	სჭვალი	sch'vali

prego (m)	ლურსმანი	lursmani
cabeça (f) do prego	თავი	tavi

régua (f)	სახაზავი	sakhazavi
fita (f) métrica	რულეტი	rulet'i
nível (m)	თარაზო	tarazo
lupa (f)	ლუპა	lup'a

medidor (m)	საზომი ხელსაწყო	sazomi khelsats'qo
medir (vt)	გაზომვა	gazomva
escala (f)	შკალა	shk'ala
indicação (f), registro (m)	ჩვენება	chveneba

compressor (m)	კომპრესორი	k'omp'resori
microscópio (m)	მიკროსკოპი	mik'rosk'op'i

bomba (f)	ტუმბო	t'umbo
robô (m)	რობოტი	robot'i
laser (m)	ლაზერი	lazeri

chave (f) de boca	ქანჩის გასაღები	kanchis gasaghebi
fita (f) adesiva	სკოტჩის ლენტი	sk'ot'chis lent'i

cola (f)	წებო	ts'ebo
lixa (f)	ზუმფარის ქაღალდი	zumparis kaghaldi
mola (f)	ზამბარა	zambara
ímã (m)	მაგნიტი	magnit'i
luva (f)	ხელთათმანები	kheltatmanebi

corda (f)	თოკი	tok'i
cabo (~ de nylon, etc.)	ზონარი	zonari
fio (m)	სადენი	sadeni
cabo (~ elétrico)	კაბელი	k'abeli

marreta (f)	სანგი	sangi
pé de cabra (m)	ძალაყინი	dzalaqini
escada (f) de mão	კიბე	k'ibe
escada (m)	პწკალა	p'ts'k'ala

enroscar (vt)	მოჭერა	moch'era
desenroscar (vt)	მოშვება	moshveba
apertar (vt)	მოჭერა	moch'era
colar (vt)	მიწებება	mits'ebeba
cortar (vt)	ჭრა	ch'ra

falha (f)	გაუმართაობა	gaumartaoba
conserto (m)	შეკეთება	shek'eteba
consertar, reparar (vt)	გარემონტება	garemont'eba
regular, ajustar (vt)	მოწესრიგება	mots'esrigeba

verificar (vt)	შემოწმება	shemots'meba
verificação (f)	შემოწმება	shemots'meba
indicação (f), registro (m)	ჩვენება	chveneba

| seguro (adj) | საიმედო | saimedo |
| complicado (adj) | რთული | rtuli |

enferrujar (vi)	დაჟანგვა	dazhangva
enferrujado (adj)	დაჟანგული	dazhanguli
ferrugem (f)	ჟანგი	zhangi

Transportes

105. Avião

avião (m)	თვითმფრინავი	tvitmprinavi
passagem (f) aérea	ავიაბილეთი	aviabileti
companhia (f) aérea	ავიაკომპანია	aviak'omp'ania
aeroporto (m)	აეროპორტი	aerop'ort'i
supersônico (adj)	ზებგერითი	zebgeriti
comandante (m) do avião	ხომალდის მეთაური	khomaldis metauri
tripulação (f)	ეკიპაჟი	ek'ip'azhi
piloto (m)	პილოტი	p'ilot'i
aeromoça (f)	სტიუარდესა	st'iuardesa
copiloto (m)	შტურმანი	sht'urmani
asas (f pl)	ფრთები	prtebi
cauda (f)	კუდი	k'udi
cabine (f)	კაბინა	k'abina
motor (m)	ძრავი	dzravi
trem (m) de pouso	შასი	shasi
turbina (f)	ტურბინა	t'urbina
hélice (f)	პროპელერი	p'rop'eleri
caixa-preta (f)	შავი ყუთი	shavi quti
coluna (f) de controle	საჭევრი	sach'evri
combustível (m)	საწვავი	sats'vavi
instruções (f pl) de segurança	ინსტრუქცია	inst'ruktsia
máscara (f) de oxigênio	ჟანგბადის ნიღაბი	zhangbadis nighabi
uniforme (m)	უნიფორმა	uniporma
colete (m) salva-vidas	სამაშველო ჟილეტი	samashvelo zhilet'i
paraquedas (m)	პარაშუტი	p'arashut'i
decolagem (f)	აფრენა	aprena
descolar (vi)	აფრენა	aprena
pista (f) de decolagem	ასაფრენი ზოლი	asapreni zoli
visibilidade (f)	ხილვადობა	khilvadoba
voo (m)	ფრენა	prena
altura (f)	სიმაღლე	simaghle
poço (m) de ar	ჰაერის ორმო	haeris ormo
assento (m)	ადგილი	adgili
fone (m) de ouvido	საყურისი	saqurisi
mesa (f) retrátil	გადასაწევი მაგიდა	gadasats'evi magida
janela (f)	ილუმინატორი	iluminat'ori
corredor (m)	გასასვლელი	gasasvleli

106. Comboio

trem (m)	მატარებელი	mat'arebeli
trem (m) elétrico	ელექტრომატარებელი	elekt'romat'arebeli
trem (m)	ჩქაროსნული მატარებელი	chkarosnuli mat'arebeli
locomotiva (f) diesel	თბომავალი	tbomavali
locomotiva (f) a vapor	ორთქლმავალი	ortklmavali
vagão (f) de passageiros	ვაგონი	vagoni
vagão-restaurante (m)	ვაგონი-რესტორანი	vagoni-rest'orani
carris (m pl)	რელსი	relsi
estrada (f) de ferro	რკინიგზა	rk'inigza
travessa (f)	შპალი	shp'ali
plataforma (f)	პლათფორმა	p'latporma
linha (f)	ლიანდაგი	liandagi
semáforo (m)	სემაფორი	semapori
estação (f)	სადგური	sadguri
maquinista (m)	მემანქანე	memankane
bagageiro (m)	მებარგული	mebarguli
hospedeiro, -a (m, f)	გამყოლი	gamqoli
passageiro (m)	მგზავრი	mgzavri
revisor (m)	კონტროლიორი	k'ont'roliori
corredor (m)	დერეფანი	derepani
freio (m) de emergência	სტოპ-კრანი	st'op'-k'rani
compartimento (m)	კუპე	k'up'e
cama (f)	თარო	taro
cama (f) de cima	ზედა თარო	zeda taro
cama (f) de baixo	ქვედა თარო	kveda taro
roupa (f) de cama	თეთრეული	tetreuli
passagem (f)	ბილეთი	bileti
horário (m)	განრიგი	ganrigi
painel (m) de informação	ტაბლო	t'ablo
partir (vt)	გასვლა	gasvla
partida (f)	გამგზავრება	gamgzavreba
chegar (vi)	ჩამოსვლა	chamosvla
chegada (f)	ჩამოსვლა	chamosvla
chegar de trem	მატარებლით მოსვლა	mat'areblit mosvla
pegar o trem	მატარებელში ჩაჯდომა	mat'arebelshi chajdoma
descer de trem	მატარებლიდან ჩამოსვლა	mat'areblidan chamosvla
acidente (m) ferroviário	მარცხი	martskhi
descarrilar (vi)	რელსებიდან გადასვლა	relsebidan gadasvla
locomotiva (f) a vapor	ორთქლმავალი	ortklmavali
foguista (m)	ცეცხლფარეში	tsetskhlpareshi
fornalha (f)	საცეცხლე	satsetskhle
carvão (m)	ნახშირი	nakhshiri

107. Barco

| navio (m) | გემი | gemi |
| embarcação (f) | ხომალდი | khomaldi |

barco (m) a vapor	ორთქლმავალი	ortklmavali
barco (m) fluvial	თბომავალი	tbomavali
transatlântico (m)	ლაინერი	laineri
cruzeiro (m)	კრეისერი	k'reiseri

iate (m)	იახტა	iakht'a
rebocador (m)	ბუქსირი	buksiri
barcaça (f)	ბარჟა	barzha
ferry (m)	ბორანი	borani

| veleiro (m) | იალქნიანი გემი | ialkniani gemi |
| bergantim (m) | ბრიგანტინა | brigant'ina |

| quebra-gelo (m) | ყინულმჭრელი | qinulmch'reli |
| submarino (m) | წყალქვეშა ნავი | ts'qalkvesha navi |

bote, barco (m)	ნავი	navi
baleeira (bote salva-vidas)	კანჯო	k'anjo
bote (m) salva-vidas	მაშველი კანჯო	mashveli k'anjo
lancha (f)	კატარღა	k'at'argha

capitão (m)	კაპიტანი	k'ap'it'ani
marinheiro (m)	მატროსი	mat'rosi
marujo (m)	მეზღვაური	mezghvauri
tripulação (f)	ეკიპაჟი	ek'ip'azhi

contramestre (m)	ბოცმანი	botsmani
grumete (m)	იუნგა	iunga
cozinheiro (m) de bordo	კოკი	k'ok'i
médico (m) de bordo	გემის ექიმი	gemis ekimi

convés (m)	გემბანი	gembani
mastro (m)	ანძა	andza
vela (f)	იალქანი	ialkani

porão (m)	ტრიუმი	t'riumi
proa (f)	ცხვირი	tskhviri
popa (f)	კიჩო	k'icho
remo (m)	ნიჩაბი	nichabi
hélice (f)	ხრახნი	khrakhni

cabine (m)	კაიუტა	k'aiut'a
sala (f) dos oficiais	კაიუტკომპანია	k'aiut'k'omp'ania
sala (f) das máquinas	სამანქანო განყოფილება	samankano ganqopileba
ponte (m) de comando	კაპიტნის ხიდურა	k'ap'it'nis khidura
sala (f) de comunicações	რადიოჯიხური	radiojikhuri
onda (f)	ტალღა	t'algha
diário (m) de bordo	გემის ჟურნალი	gemis zhurnali
luneta (f)	ჭოგრი	ch'ogri
sino (m)	ზარი	zari

bandeira (f)	დროშა	drosha
cabo (m)	ბაგირი	bagiri
nó (m)	კვანძი	k'vandzi

| corrimão (m) | სახელური | sakheluri |
| prancha (f) de embarque | ტრაპი | t'rap'i |

âncora (f)	ღუზა	ghuza
recolher a âncora	ღუზის ამოწევა	ghuzis amots'eva
jogar a âncora	ღუზის ჩაშვება	ghuzis chashveba
amarra (corrente de âncora)	ღუზის ჯაჭვი	ghuzis jach'vi

porto (m)	ნავსადგური	navsadguri
cais, amarradouro (m)	მისადგომი	misadgomi
atracar (vi)	მიდგომა	midgoma
desatracar (vi)	ნაპირს მოცილება	nap'irs motsileba

viagem (f)	მოგზაურობა	mogzauroba
cruzeiro (m)	კრუიზი	k'ruizi
rumo (m)	კურსი	k'ursi
itinerário (m)	მარშრუტი	marshrut'i

canal (m) de navegação	ფარვატერი	parvat'eri
banco (m) de areia	თავითხელი	tavtkheli
encalhar (vt)	თავითხელზე დაჯდომა	tavtkhelze dajdoma

tempestade (f)	ქარიშხალი	karishkhali
sinal (m)	სიგნალი	signali
afundar-se (vr)	ჩაძირვა	chadzirva
Homem ao mar!	ადამიანი ბორტს იქით!	adamiani bort's ikit!
SOS	სოს	sos
boia (f) salva-vidas	საშველი რგოლი	sashveli rgoli

108. Aeroporto

aeroporto (m)	აეროპორტი	aerop'ort'i
avião (m)	თვითმფრინავი	tvitmprinavi
companhia (f) aérea	ავიაკომპანია	aviak'omp'ania
controlador (m) de tráfego aéreo	დისპეჩერი	disp'echeri

partida (f)	გაფრენა	gaprena
chegada (f)	მოფრენა	moprena
chegar (vi)	მოფრენა	moprena

| hora (f) de partida | გაფრენის დრო | gaprenis dro |
| hora (f) de chegada | მოფრენის დრო | moprenis dro |

| estar atrasado | დაგვიანება | dagvianeba |
| atraso (m) de voo | გაფრენის დაგვიანება | gaprenis dagvianeba |

painel (m) de informação	საინფორმაციო ტაბლო	sainpormatsio t'ablo
informação (f)	ინფორმაცია	inpormatsia
anunciar (vt)	გამოცხადება	gamotskhadeba

voo (m)	რეისი	reisi
alfândega (f)	საბაჟო	sabazho
funcionário (m) da alfândega	მებაჟე	mebazhe

declaração (f) alfandegária	დეკლარაცია	dek'laratsia
preencher a declaração	დეკლარაციის შევსება	dek'laratsiis shevseba
controle (m) de passaporte	საპასპორტო კონტროლი	sap'asp'ort'o k'ont'roli

bagagem (f)	ბარგი	bargi
bagagem (f) de mão	ხელის ბარგი	khelis bargi
carrinho (m)	ურიკა	urik'a

pouso (m)	დაჯდომა	dajdoma
pista (f) de pouso	დასაფრენი ზოლი	dasapreni zoli
aterrissar (vi)	დაჯდომა	dajdoma
escada (f) de avião	ტრაპი	t'rap'i

check-in (m)	რეგისტრაცია	regist'ratsia
balcão (m) do check-in	სარეგისტრაციო დგარი	saregist'ratsio dgari
fazer o check-in	დარეგისტრირება	daregist'rireba
cartão (m) de embarque	ჩასაჯდომი ტალონი	chasajdomi t'aloni
portão (m) de embarque	გასვლა	gasvla

trânsito (m)	ტრანზიტი	t'ranzit'i
esperar (vi, vt)	ლოდინი	lodini
sala (f) de espera	მოსაცდელი დარბაზი	mosatsdeli darbazi
despedir-se (acompanhar)	გაცილება	gatsileba
despedir-se (dizer adeus)	გამომშვიდობება	gamomshvidobeba

Eventos

109. Férias. Evento

festa (f)	დღესასწაული	dghesasts'auli
feriado (m) nacional	ნაციონალური დღესასწაული	natsionaluri dghesasts'auli
feriado (m)	სადღესასწაულო დღე	sadghesasts'aulo dghe
festejar (vt)	ზეიმობა	zeimoba
evento (festa, etc.)	მოვლენა	movlena
evento (banquete, etc.)	ღონისძიება	ghonisdzieba
banquete (m)	ბანკეტი	bank'et'i
recepção (f)	მიღება	migheba
festim (m)	ლხინი	lkhini
aniversário (m)	წლისთავი	ts'listavi
jubileu (m)	ზეიმობა	zeimoba
celebrar (vt)	აღნიშვნა	aghnishvna
Ano (m) Novo	ახალი წელი	akhali ts'eli
Feliz Ano Novo!	გილოცავთ ახალ წელს	gilotsavt akhal ts'els
Natal (m)	შობა	shoba
Feliz Natal!	მხიარულ შობას გისურვებთ!	mkhiarul shobas gisurvebt!
árvore (f) de Natal	საშობაო ნაძვის ხე	sashobao nadzvis khe
fogos (m pl) de artifício	სალიუტი	saliut'i
casamento (m)	ქორწილი	korts'ili
noivo (m)	საქმრო	sakmro
noiva (f)	პატარძალი	p'at'ardzali
convidar (vt)	მოწვევა	mots'veva
convite (m)	მოწვევა	mots'veva
convidado (m)	სტუმარი	st'umari
visitar (vt)	სტუმრად წასვლა	st'umrad ts'asvla
receber os convidados	სტუმრების დახვედრა	st'umrebis dakhvedra
presente (m)	საჩუქარი	sachukari
oferecer, dar (vt)	ჩუქება	chukeba
receber presentes	საჩუქრების მიღება	sachukrebis migheba
buquê (m) de flores	თაიგული	taiguli
felicitações (f pl)	მილოცვა	milotsva
felicitar (vt)	მილოცვა	milotsva
cartão (m) de parabéns	მისალოცი ბარათი	misalotsi barati
enviar um cartão postal	ბარათის გაგზავნა	baratis gagzavna
receber um cartão postal	ბარათის მიღება	baratis migheba

brinde (m)	სადღეგრძელო	sadghegrdzelo
oferecer (vt)	გამასპინძლება	gamasp'indzleba
champanhe (m)	შამპანური	shamp'anuri

divertir-se (vr)	მხიარულობა	mkhiaruloba
diversão (f)	მხიარულება	mkhiaruleba
alegria (f)	სიხარული	sikharuli

dança (f)	ცეკვა	tsek'va
dançar (vi)	ცეკვა	tsek'va

valsa (f)	ვალსი	valsi
tango (m)	ტანგო	t'ango

110. Funerais. Enterro

cemitério (m)	სასაფლაო	sasaplao
sepultura (f), túmulo (m)	სამარე	samare
cruz (f)	ჯვარი	jvari
lápide (f)	საფლავი	saplavi
cerca (f)	ზღუდე	zghude
capela (f)	სამლოცველო	samlotsvelo

morte (f)	სიკვდილი	sik'vdili
morrer (vi)	მოკვდომა	mok'vdoma
defunto (m)	მიცვალებული	mitsvalebuli
luto (m)	გლოვა	glova

enterrar, sepultar (vt)	დაკრძალვა	dak'rdzalva
funerária (f)	დამკრძალავი ბიურო	damk'rdzalavi biuro
funeral (m)	დასაფლავება	dasaplaveba

coroa (f) de flores	გვირგვინი	gvirgvini
caixão (m)	კუბო	k'ubo
carro (m) funerário	კატაფალკი	k'at'apalk'i
mortalha (f)	სუდარა	sudara

urna (f) funerária	სამარხი ურნა	samarkhi urna
crematório (m)	კრემატორიუმი	k'remat'oriumi

obituário (m), necrologia (f)	ნეკროლოგი	nek'rologi
chorar (vi)	ტირილი	t'irili
soluçar (vi)	ქვითინი	kvitini

111. Guerra. Soldados

pelotão (m)	ოცეული	otseuli
companhia (f)	ასეული	aseuli
regimento (m)	პოლკი	p'olk'i
exército (m)	არმია	armia
divisão (f)	დივიზიონი	divizioni
esquadrão (m)	რაზმი	razmi

hoste (f)	ჯარი	jari
soldado (m)	ჯარისკაცი	jarisk'atsi
oficial (m)	ოფიცერი	opitseri

soldado (m) raso	რიგითი	rigiti
sargento (m)	სერჟანტი	serzhant'i
tenente (m)	ლეიტენანტი	leit'enant'i
capitão (m)	კაპიტანი	k'ap'it'ani
major (m)	მაიორი	maiori
coronel (m)	პოლკოვნიკი	p'olk'ovnik'i
general (m)	გენერალი	generali

marujo (m)	მეზღვაური	mezghvauri
capitão (m)	კაპიტანი	k'ap'it'ani
contramestre (m)	ბოცმანი	botsmani

artilheiro (m)	არტილერისტი	art'ilerist'i
soldado (m) paraquedista	მედესანტე	medesant'e
piloto (m)	მფრინავი	mprinavi
navegador (m)	შტურმანი	sht'urmani
mecânico (m)	მექანიკოსი	mekanik'osi

sapador-mineiro (m)	მესანგრე	mesangre
paraquedista (m)	პარაშუტისტი	p'arashut'ist'i
explorador (m)	მზვერავი	mzveravi
atirador (m) de tocaia	სნაიპერი	snaip'eri

patrulha (f)	პატრული	p'at'ruli
patrulhar (vt)	პატრულირება	p'at'rulireba
sentinela (f)	გუშაგი	gushagi

guerreiro (m)	მეომარი	meomari
patriota (m)	პატრიოტი	p'at'riot'i
herói (m)	გმირი	gmiri
heroína (f)	გმირი	gmiri

traidor (m)	მოღალატე	moghalat'e
desertor (m)	დეზერტირი	dezert'iri
desertar (vt)	დეზერტირობა	dezert'iroba

mercenário (m)	დაქირავებული	dakiravebuli
recruta (m)	ახალწვეული	akhalts'veuli
voluntário (m)	მოხალისე	mokhalise

morto (m)	მოკლული	mok'luli
ferido (m)	დაჭრილი	dach'rili
prisioneiro (m) de guerra	ტყვე	t'qve

112. Guerra. Ações militares. Parte 1

guerra (f)	ომი	omi
guerrear (vt)	ბრძოლა	brdzola
guerra (f) civil	სამოქალაქო ომი	samokalako omi
perfidamente	ვერაგულად	veragulad

declaração (f) de guerra	გამოცხადება	gamotskhadeba
declarar guerra	გამოცხადება	gamotskhadeba
agressão (f)	აგრესია	agresia
atacar (vt)	თავდასხმა	tavdaskhma
invadir (vt)	შეჰყრობა	shep'qroba
invasor (m)	დამპყრობელი	damp'qrobeli
conquistador (m)	დამპყრობელი	damp'qrobeli
defesa (f)	თავდაცვა	tavdatsva
defender (vt)	დაცვა	datsva
defender-se (vr)	თავის დაცვა	tavis datsva
inimigo (m)	მტერი	mt'eri
adversário (m)	მოწინააღმდეგე	mots'inaaghmdege
inimigo (adj)	მტრის	mt'ris
estratégia (f)	სტრატეგია	st'rat'egia
tática (f)	ტაქტიკა	t'akt'ik'a
ordem (f)	ბრძანება	brdzaneba
comando (m)	ბრძანება	brdzaneba
ordenar (vt)	ბრძანება	brdzaneba
missão (f)	დავალება	davaleba
secreto (adj)	საიდუმლო	saidumlo
batalha (f), combate (m)	ბრძოლა	brdzola
ataque (m)	შეტევა	shet'eva
assalto (m)	იერიში	ierishi
assaltar (vt)	იერიშის მიტანა	ierishis mit'ana
assédio, sítio (m)	ალყა	alqa
ofensiva (f)	შეტევა იერიში	shet'eva ierishi
tomar à ofensiva	შეტევაზე გადასვლა	shet'evaze gadasvla
retirada (f)	უკუქცევა	uk'uktseva
retirar-se (vr)	უკან დახევა	uk'an dakheva
cerco (m)	ალყა	alqa
cercar (vt)	გარშემორტყმა	garshemort'qma
bombardeio (m)	დაბომბვა	dabombva
lançar uma bomba	ბომბის ჩამოგდება	bombis chamogdeba
bombardear (vt)	ბომბვა	bombva
explosão (f)	აფეთქება	apetkeba
tiro (m)	გასროლა	gasrola
dar um tiro	გასროლა	gasrola
tiroteio (m)	სროლა	srola
apontar para ...	დამიზნება	damizneba
apontar (vt)	დამიზნება	damizneba
acertar (vt)	მოარტყა	moart'qa
afundar (~ um navio, etc.)	ჩაძირვა	chadzirva
brecha (f)	ნახვრეტი	nakhvret'i

afundar-se (vr)	ფსკერისკენ წასვლა	psk'erisk'en ts'asvla
frente (m)	ფრონტი	pront'i
evacuação (f)	ევაკუაცია	evak'uatsia
evacuar (vt)	ევაკუირება	evak'uireba

arame (m) enfarpado	ეკლიანი მავთული	ek'liani mavtuli
barreira (f) anti-tanque	გადაღობვა	gadaghobva
torre (f) de vigia	კოშკურა	k'oshk'ura

hospital (m) militar	ჰოსპიტალი	hosp'it'ali
ferir (vt)	დაჭრა	dach'ra
ferida (f)	ჭრილობა	ch'riloba
ferido (m)	დაჭრილი	dach'rili
ficar ferido	ჭრილობის მიღება	ch'rilobis migheba
grave (ferida ~)	მძიმე	mdzime

113. Guerra. Ações militares. Parte 2

cativeiro (m)	ტყვე	t'qve
capturar (vt)	ტყვედ აყვანა	t'qved aqvana
estar em cativeiro	ტყვედ ყოფნა	t'qved qopna
ser aprisionado	ტყვედ ჩავარდნა	t'qved chavardna

campo (m) de concentração	საკონცენტრაციო ბანაკი	sak'ontsent'ratsio banak'i
prisioneiro (m) de guerra	ტყვე	t'qve
escapar (vi)	გაქცევა	gaktseva

trair (vt)	გაცემა	gatsema
traidor (m)	მოღალატე	moghalat'e
traição (f)	გამცემლობა	gamtsemloba

| fuzilar, executar (vt) | დახვრეტა | dakhvret'a |
| fuzilamento (m) | დახვრეტა | dakhvret'a |

equipamento (m)	ფორმის ტანსაცმელი	pormis t'ansatsmeli
insígnia (f) de ombro	სამხრეული	samkhreuli
máscara (f) de gás	აირწინაღი	airts'inaghi

rádio (m)	რაცია	ratsia
cifra (f), código (m)	შიფრი	shipri
conspiração (f)	კონსპირაცია	k'onsp'iratsia
senha (f)	პაროლი	p'aroli

mina (f)	ნაღმი	naghmi
minar (vt)	დანაღმვა	danaghmva
campo (m) minado	დანაღმული მინდორი	danaghmuli mindori

alarme (m) aéreo	საჰაერო განგაში	sahaero gangashi
alarme (m)	განგაში	gangashi
sinal (m)	სიგნალი	signali
sinalizador (m)	სასიგნალო რაკეტა	sasignalo rak'et'a

| quartel-general (m) | შტაბი | sht'abi |
| reconhecimento (m) | დაზვერვა | dazverva |

situação (f)	ვითარება	vitareba
relatório (m)	ანგარიში	angarishi
emboscada (f)	საფარი	sapari
reforço (m)	გამაგრება	gamagreba

alvo (m)	მიზანი	mizani
campo (m) de tiro	პოლიგონი	p'oligoni
manobras (f pl)	მანევრები	manevrebi

pânico (m)	თავზარი	tavzari
devastação (f)	დაქცევა	daktseva
ruínas (f pl)	ნგრევა	ngreva
destruir (vt)	დანგრევა	dangreva

sobreviver (vi)	გადარჩენა	gadarchena
desarmar (vt)	განიარაღება	ganiaragheba
manusear (vt)	მოპყრობა	mop'qroba

Sentido!	სმენა!	smena!
Descansar!	თავისუფლად!	tavisuplad!

façanha (f)	გმირობა	gmiroba
juramento (m)	ფიცი	pitsi
jurar (vi)	დაფიცება	dapitseba

condecoração (f)	ჯილდო	jildo
condecorar (vt)	დაჯილდოვება	dajildoveba
medalha (f)	მედალი	medali
ordem (f)	ორდენი	ordeni

vitória (f)	გამარჯვება	gamarjveba
derrota (f)	დამარცხება	damartskheba
armistício (m)	ზავი	zavi

bandeira (f)	დროშა	drosha
glória (f)	დიდება	dideba
parada (f)	აღლუმი	aghlumi
marchar (vi)	მარშით სვლა	marshit svla

114. Armas

arma (f)	იარაღი	iaraghi
arma (f) de fogo	ცეცხლსასროლი იარაღი	tsetskhlsasroli iaraghi
arma (f) branca	ცივი იარაღი	tsivi iaraghi

arma (f) química	ქიმიური იარაღი	kimiuri iaraghi
nuclear (adj)	ატომური	at'omuri
arma (f) nuclear	ატომური იარაღი	at'omuri iaraghi

bomba (f)	ბომბი	bombi
bomba (f) atômica	ატომური ბომბი	at'omuri bombi

pistola (f)	პისტოლეტი	p'ist'olet'i
rifle (m)	თოფი	topi

| semi-automática (f) | ავტომატი | avt'omat'i |
| metralhadora (f) | ტყვიამფრქვევი | t'qviamprkvevi |

boca (f)	ლულა	lula
cano (m)	ლულა	lula
calibre (m)	კალიბრი	k'alibri

| gatilho (m) | ჩახმახი | chakhmakhi |
| mira (f) | სამიზნე | samizne |

| carregador (m) | სავაზნე კოლოფი | savazne k'olopi |
| coronha (f) | კონდახი | k'ondakhi |

| granada (f) de mão | ყუმბარა | qumbara |
| explosivo (m) | ასაფეთქებელი | asapetkebeli |

| bala (f) | ტყვია | t'qvia |
| cartucho (m) | ვაზნა | vazna |

| carga (f) | მუხტი | mukht'i |
| munições (f pl) | საბრძოლო მასალა | sabrdzolo masala |

bombardeiro (m)	ბომბდამშენი	bombdamsheni
avião (m) de caça	გამანადგურებელი	gamanadgurebeli
helicóptero (m)	ვერტმფრენი	vert'mpreni

canhão (m) antiaéreo	საზენიტო იარაღი	sazenit'o iaraghi
tanque (m)	ტანკი	t'ank'i
canhão (de um tanque)	ქვემეხი	kvemekhi

| artilharia (f) | არტილერია | art'ileria |
| fazer a pontaria | დამიზნება | damizneba |

| projétil (m) | ჭურვი | ch'urvi |
| granada (f) de morteiro | ნაღმი | naghmi |

| morteiro (m) | ნაღმტყორცნი | naghmt'qortsni |
| estilhaço (m) | ნამტვრევი | namt'vrevi |

submarino (m)	წყალქვეშა ნავი	ts'qalkvesha navi
torpedo (m)	წყალქვეშა ნაღმი	ts'qalkvesha naghmi
míssil (m)	რაკეტა	rak'et'a

| carregar (uma arma) | დატენვა | dat'enva |
| disparar, atirar (vi) | სროლა | srola |

| apontar para … | დამიზნება | damizneba |
| baioneta (f) | ხიშტი | khisht'i |

espada (f)	დაშნა	dashna
sabre (m)	ხმალი	khmali
lança (f)	შუბი	shubi
arco (m)	მშვილდი	mshvildi
flecha (f)	ისარი	isari
mosquete (m)	მუშკეტი	mushk'et'i
besta (f)	არბალეტი	arbalet'i

115. Povos da antiguidade

primitivo (adj)	პირველყოფილი	p'irvelqopili
pré-histórico (adj)	წინასტორიული	ts'inaist'oriuli
antigo (adj)	ძველი	dzveli
Idade (f) da Pedra	ქვის ხანა	kvis khana
Idade (f) do Bronze	ბრინჯაოს ხანა	brinjaos khana
Era (f) do Gelo	გამყინვარების პერიოდი	gamqinvarebis p'eriodi
tribo (f)	ტომი	t'omi
canibal (m)	კაციჭამია	k'atsich'amia
caçador (m)	მონადირე	monadire
caçar (vi)	ნადირობა	nadiroba
mamute (m)	მამონტი	mamont'i
caverna (f)	გამოქვაბული	gamokvabuli
fogo (m)	ცეცხლი	tsetskhli
fogueira (f)	კოცონი	k'otsoni
pintura (f) rupestre	კლდეზე ნახატი	k'ldeze nakhat'i
ferramenta (f)	შრომის იარაღი	shromis iaraghi
lança (f)	შუბი	shubi
machado (m) de pedra	ქვის ნაჯახი	kvis najakhi
guerrear (vt)	ბრძოლა	brdzola
domesticar (vt)	მოშინაურება	moshinaureba
ídolo (m)	კერპი	k'erp'i
adorar, venerar (vt)	თაყვანისცემა	taqvanistsema
superstição (f)	ცრურწმენა	tsrurts'mena
evolução (f)	ევოლუცია	evolutsia
desenvolvimento (m)	განვითარება	ganvitareba
extinção (f)	გაუჩინარება	gauchinareba
adaptar-se (vr)	შეგუება	shegueba
arqueologia (f)	არქეოლოგია	arkeologia
arqueólogo (m)	არქეოლოგი	arkeologi
arqueológico (adj)	არქეოლოგიური	arkeologiuri
escavação (sítio)	გათხრები	gatkhrebi
escavações (f pl)	გათხრები	gatkhrebi
achado (m)	აღმოჩენა	aghmochena
fragmento (m)	ფრაგმენტი	pragment'i

116. Idade média

povo (m)	ხალხი	khalkhi
povos (m pl)	ხალხები	khalkhebi
tribo (f)	ტომი	t'omi
tribos (f pl)	ტომები	t'omebi
bárbaros (pl)	ბარბაროსები	barbarosebi
galeses (pl)	გალები	galebi

godos (pl)	გოთები	gotebi
eslavos (pl)	სლავები	slavebi
viquingues (pl)	ვიკინგები	vik'ingebi
romanos (pl)	რომაელები	romaelebi
romano (adj)	რომაული	romauli
bizantinos (pl)	ბიზანტიელები	bizant'ielebi
Bizâncio	ბიზანტია	bizant'ia
bizantino (adj)	ბიზანტიული	bizant'iuli
imperador (m)	იმპერატორი	imp'erat'ori
líder (m)	ბელადი	beladi
poderoso (adj)	ძლევამოსილი	dzlevamosili
rei (m)	მეფე	mepe
governante (m)	მართველი	martveli
cavaleiro (m)	რაინდი	raindi
senhor feudal (m)	ფეოდალი	peodali
feudal (adj)	ფეოდალური	peodaluri
vassalo (m)	ვასალი	vasali
duque (m)	ჰერცოგი	hertsogi
conde (m)	გრაფი	grapi
barão (m)	ბარონი	baroni
bispo (m)	ეპისკოპოსი	ep'isk'op'osi
armadura (f)	ჯავშანი	javshani
escudo (m)	ფარი	pari
espada (f)	მახვილი	makhvili
viseira (f)	ჩაფხუტი	chapkhut'i
cota (f) de malha	ჯაჭვის პერანგი	jach'vis p'erangi
cruzada (f)	ჯვაროსნული ლაშქრობა	jvarosnuli lashkroba
cruzado (m)	ჯვაროსანი	jvarosani
território (m)	ტერიტორია	t'erit'oria
atacar (vt)	თავდასხმა	tavdaskhma
conquistar (vt)	დაპყრობა	dap'qroba
ocupar, invadir (vt)	მიტაცება	mit'atseba
assédio, sítio (m)	ალყა	alqa
sitiado (adj)	ალყაშემორტყმული	alqashemort'qmuli
assediar, sitiar (vt)	ალყის შემორტყმა	alqis shemort'qma
inquisição (f)	ინკვიზიცია	ink'vizitsia
inquisidor (m)	ინკვიზიტორი	ink'vizit'ori
tortura (f)	წამება	ts'ameba
cruel (adj)	სასტიკი	sast'ik'i
herege (m)	ერეტიკოსი	eret'ik'osi
heresia (f)	მწვალებლობა	mts'valebloba
navegação (f) marítima	ზღვაოსნობა	zghvaosnoba
pirata (m)	მეკობრე	mek'obre
pirataria (f)	მეკობრეობა	mek'obreoba
abordagem (f)	აბორდაჟი	abordazhi

| presa (f), butim (m) | საშოვარი | sashovari |
| tesouros (m pl) | განძი | gandzi |

descobrimento (m)	აღმოჩენა	aghmochena
descobrir (novas terras)	გაღება	gagheba
expedição (f)	ექსპედიცია	eksp'editsia

mosqueteiro (m)	მუშკეტერი	mushk'et'eri
cardeal (m)	კარდინალი	k'ardinali
heráldica (f)	ჰერალდიკა	heraldik'a
heráldico (adj)	ჰერალდიკური	heraldik'uri

117. Líder. Chefe. Autoridades

rei (m)	მეფე	mepe
rainha (f)	დედოფალი	dedopali
real (adj)	მეფური	mepuri
reino (m)	სამეფო	samepo

| príncipe (m) | პრინცი | p'rintsi |
| princesa (f) | პრინცესა | p'rintsesa |

presidente (m)	პრეზიდენტი	p'rezident'i
vice-presidente (m)	ვიცე-პრეზიდენტი	vitse-p'rezident'i
senador (m)	სენატორი	senat'ori

monarca (m)	მონარქი	monarki
governante (m)	მართველი	martveli
ditador (m)	დიქტატორი	dikt'at'ori
tirano (m)	ტირანი	t'irani
magnata (m)	მაგნატი	magnat'i

diretor (m)	დირექტორი	direkt'ori
chefe (m)	შეფი	shepi
gerente (m)	მმართველი	mmartveli

| patrão (m) | ბოსი | bosi |
| dono (m) | მეპატრონე | mep'at'rone |

chefe (m)	მეთაური	metauri
autoridades (f pl)	ხელისუფლება	khelisupleba
superiores (m pl)	უფროსობა	uprosoba

governador (m)	გუბერნატორი	gubernat'ori
cônsul (m)	კონსული	k'onsuli
diplomata (m)	დიპლომატი	dip'lomat'i

| Presidente (m) da Câmara | მერი | meri |
| xerife (m) | შერიფი | sheripi |

imperador (m)	იმპერატორი	imp'erat'ori
czar (m)	მეფე	mepe
faraó (m)	ფარაონი	paraoni
cã, khan (m)	ხანი	khani

118. Violação da lei. Criminosos. Parte 1

bandido (m)	ბანდიტი	bandit'i
crime (m)	დანაშაული	danashauli
criminoso (m)	დამნაშავე	damnashave

ladrão (m)	ქურდი	kurdi
roubar (vt)	იქურდო	ikurdo
roubo (atividade)	ქურდობა	kurdoba
furto (m)	მოპარვა	mop'arva

raptar, sequestrar (vt)	მოიტაცო	moit'atso
sequestro (m)	გატაცება	gat'atseba
sequestrador (m)	გამტაცებელი	gamt'atsebeli

resgate (m)	გამოსასყიდი	gamosasqidi
pedir resgate	გამოსასყიდის მოთხოვნა	gamosasqidis motkhovna

roubar (vt)	ძარცვა	dzartsva
assaltante (m)	მძარცველი	mdzartsveli

extorquir (vt)	გამომძალვა	gamodzalva
extorsionário (m)	გამომძალველი	gamomdzalveli
extorsão (f)	გამომძალველობა	gamomdzalveloba

matar, assassinar (vt)	მოკვლა	mok'vla
homicídio (m)	მკვლელობა	mk'vleloba
homicida, assassino (m)	მკვლელი	mk'vleli

tiro (m)	სროლა	srola
dar um tiro	გასროლა	gasrola
matar a tiro	დახვრეტა	dakhvret'a
disparar, atirar (vi)	სროლა	srola
tiroteio (m)	სროლა	srola

incidente (m)	შემთხვევა	shemtkhveva
briga (~ de rua)	ჩხუბი	chkhubi
vítima (f)	მსხვერპლი	mskhverp'li

danificar (vt)	დაზიანება	dazianeba
dano (m)	ზარალი	zarali
cadáver (m)	გვამი	gvami
grave (adj)	მძიმე	mdzime

atacar (vt)	თავდასხმა	tavdaskhma
bater (espancar)	დარტყმა	dart'qma
espancar (vt)	ცემა	tsema
tirar, roubar (dinheiro)	წართმევა	ts'artmeva
esfaquear (vt)	დაკვლა	dak'vla
mutilar (vt)	დამახინჯება	damakhinjeba
ferir (vt)	დაჭრა	dach'ra

chantagem (f)	შანტაჟი	shant'azhi
chantagear (vt)	დაშანტაჟება	dashant'azheba
chantagista (m)	შანტაჟისტი	shant'azhist'i

extorsão (f)	რეკეტი	rek'et'i
extorsionário (m)	რეკეტირი	rek'et'iri
gângster (m)	განგსტერი	gankst'eri
máfia (f)	მაფია	mapia

punguista (m)	ჯიბის ქურდი	jibis kurdi
assaltante, ladrão (m)	გამტეხელი	gamt'ekheli
contrabando (m)	კონტრაბანდა	k'ont'rabanda
contrabandista (m)	კონტრაბანდისტი	k'ont'rabandist'i

falsificação (f)	ყალბი	qalbi
falsificar (vt)	გაყალბება	gaqalbeba
falsificado (adj)	ყალბი	qalbi

119. Violação da lei. Criminosos. Parte 2

estupro (m)	გაუპატიურება	gaup'at'iureba
estuprar (vt)	გაუპატიურება	gaup'at'iureba
estuprador (m)	მომძალადე	modzalade
maníaco (m)	მანიაკი	maniak'i

prostituta (f)	მეძავი	medzavi
prostituição (f)	პროსტიტუცია	p'rost'it'utsia
cafetão (m)	სუტენიორი	sut'eniori

| drogado (m) | ნარკომანი | nark'omani |
| traficante (m) | ნარკოტიკებით მოვაჭრე | nark'ot'ik'ebit movach're |

explodir (vt)	აფეთქება	apetkeba
explosão (f)	აფეთქება	apetkeba
incendiar (vt)	ცეცხლის წაკიდება	tsetskhlis ts'ak'ideba
incendiário (m)	ცეცხლის წამკიდებელი	tsetskhlis ts'amk'idebeli

terrorismo (m)	ტერორიზმი	t'erorizmi
terrorista (m)	ტერორისტი	t'erorist'i
refém (m)	მძევალი	mdzevali

enganar (vt)	მოტყუება	mot'queba
engano (m)	ტყუილი	t'quili
vigarista (m)	თაღლითი	taghliti

subornar (vt)	გადაბირება	gadabireba
suborno (atividade)	მოსყიდვა	mosqidva
suborno (dinheiro)	ქრთამი	krtami

veneno (m)	შხამი	shkhami
envenenar (vt)	მოწამვლა	mots'amvla
envenenar-se (vr)	თავის მოწამვლა	tavis mots'amvla

| suicídio (m) | თვითმკვლელობა | tvitmk'leloba |
| suicida (m) | თვითმკვლელი | tvitmk'vleli |

| ameaçar (vt) | დამუქრება | damukreba |
| ameaça (f) | მუქარა | mukara |

atentar contra a vida de …	ხელყოფა	khelqopa
atentado (m)	ხელყოფა	khelqopa

roubar (um carro)	გატაცება	gat'atseba
sequestrar (um avião)	გატაცება	gat'atseba

vingança (f)	შურისძიება	shurisdzieba
vingar (vt)	შურისძიება	shurisdzieba

torturar (vt)	წამება	ts'ameba
tortura (f)	წამება	ts'ameba
atormentar (vt)	წვალება	ts'valeba

pirata (m)	მეკობრე	mek'obre
desordeiro (m)	ხულიგანი	khuligani
armado (adj)	შეიარაღებული	sheiaraghebuli
violência (f)	ძალადობა	dzaladoba

espionagem (f)	შპიონაჟი	shp'ionazhi
espionar (vi)	ჯაშუშობა	jashushoba

120. Polícia. Lei. Parte 1

justiça (sistema de ~)	სასამართლო	sasamartlo
tribunal (m)	სასამართლო	sasamartlo

juiz (m)	მოსამართლე	mosamartle
jurados (m pl)	ნაფიცი მსაჯული	napitsi msajuli
tribunal (m) do júri	ნაფიც მსაჯულთა სასამართლო	napits msajulta sasamartlo
julgar (vt)	გასამართლება	gasamartleba

advogado (m)	ადვოკატი	advok'at'i
réu (m)	ბრალდებული	braldebuli
banco (m) dos réus	ბრალდებულთა სკამი	braldebulta sk'ami

acusação (f)	ბრალდება	braldeba
acusado (m)	ბრალდებული	braldebuli

sentença (f)	განაჩენი	ganacheni
sentenciar (vt)	განაჩენის გამოტანა	ganachenis gamot'ana

culpado (m)	დამნაშავე	damnashave
punir (vt)	დასჯა	dasja
punição (f)	სასჯელი	sasjeli

multa (f)	ჯარიმა	jarima
prisão (f) perpétua	სამუდამო პატიმრობა	samudamo p'at'imroba
pena (f) de morte	სიკვდილით დასჯა	sik'vdilit dasja
cadeira (f) elétrica	ელექტრო სკამი	elekt'ro sk'ami
forca (f)	სახრჩობელა	sakhrchobela

executar (vt)	დასჯა	dasja
execução (f)	სასჯელი	sasjeli

| prisão (f) | ციხე | tsikhe |
| cela (f) de prisão | საკანი | sak'ani |

escolta (f)	ბადრაგი	badragi
guarda (m) prisional	ზედამხედველი	zedamkhedveli
preso, prisioneiro (m)	პატიმარი	p'at'imari

| algemas (f pl) | ხელბორკილები | khelbork'ilebi |
| algemar (vt) | ხელბორკილის დადება | khelbork'ilis dadeba |

fuga, evasão (f)	გაქცევა	gaktseva
fugir (vi)	გაქცევა	gaktseva
desaparecer (vi)	გაუჩინარება	gauchinareba
soltar, libertar (vt)	განთავისუფლება	gantavisupleba
anistia (f)	ამნისტია	aminist'ia

polícia (instituição)	პოლიცია	p'olitsia
polícia (m)	პოლიციელი	p'olitsieli
delegacia (f) de polícia	პოლიციის უბანი	p'olitsiis ubani
cassetete (m)	რეზინის ხელკეტი	rezinis khelk'et'i
megafone (m)	ხმადიდი	khmadidi

carro (m) de patrulha	საპატრულო მანქანა	sap'at'rulo mankana
sirene (f)	სირენა	sirena
ligar a sirene	საყვირის ჩართვა	saqviris chartva
toque (m) da sirene	საყვირის ხმა	saqviris khma

cena (f) do crime	შემთხვევის ადგილი	shemtkhvevis adgili
testemunha (f)	მოწმე	mots'me
liberdade (f)	თავისუფლება	tavisupleba
cúmplice (m)	თანამზრახველი	tanamzrakhveli
escapar (vi)	მიმალვა	mimalva
traço (não deixar ~s)	კვალი	k'vali

121. Polícia. Lei. Parte 2

procura (f)	ძებნა	dzebna
procurar (vt)	ძებნა	dzebna
suspeita (f)	ეჭვი	ech'vi
suspeito (adj)	საეჭვო	saech'vo
parar (veículo, etc.)	გაჩერება	gachereba
deter (fazer parar)	დაკავება	dak'aveba

caso (~ criminal)	საქმე	sakme
investigação (f)	ძიება	dzieba
detetive (m)	დეტექტივი	det'ekt'ivi
investigador (m)	გამომძიებელი	gamomdziebeli
versão (f)	ვერსია	versia

motivo (m)	მოტივი	mot'ivi
interrogatório (m)	დაკითხვა	dak'itkhva
interrogar (vt)	დაკითხვა	dak'itkhva
questionar (vt)	გამოკითხვა	gamok'itkhva
verificação (f)	შემოწმება	shemots'meba

batida (f) policial	ალყა	alqa
busca (f)	ჩხრეკა	chkhrek'a
perseguição (f)	დადევნება	dadevneba
perseguir (vt)	დევნა	devna
seguir, rastrear (vt)	თვალთვალი	tvaltvali
prisão (f)	პატიმრობა	p'at'imroba
prender (vt)	დაპატიმრება	dap'at'imreba
pegar, capturar (vt)	დაკავება	dak'aveba
captura (f)	დაჭერა	dach'era
documento (m)	დოკუმენტი	dok'ument'i
prova (f)	მტკიცებულება	mt'k'itsebuleba
provar (vt)	დამტკიცება	damt'k'itseba
pegada (f)	ნაფეხური	napekhuri
impressões (f pl) digitais	თითის ანაბეჭდი	titis anabech'di
prova (f)	სამხილი	samkhili
álibi (m)	ალიბი	alibi
inocente (adj)	უდანაშაულო	udanashaulo
injustiça (f)	უსამართლობა	usamartloba
injusto (adj)	უსამართლობა	usamartloba
criminal (adj)	კრიმინალური	k'riminaluri
confiscar (vt)	კონფისკაცია	k'onpisk'atsia
droga (f)	ნარკოტიკი	nark'ot'ik'i
arma (f)	იარაღი	iaraghi
desarmar (vt)	განიარაღება	ganiaragheba
ordenar (vt)	ბრძანება	brdzaneba
desaparecer (vi)	გაუჩინარება	gauchinareba
lei (f)	კანონი	k'anoni
legal (adj)	კანონიერი	k'anonieri
ilegal (adj)	უკანონო	uk'anono
responsabilidade (f)	პასუხისმგებლობა	p'asukhismgebloba
responsável (adj)	პასუხისმგებელი	p'asukhismgebeli

NATUREZA

A Terra. Parte 1

122. Espaço sideral

espaço, cosmo (m)	კოსმოსი	k'osmosi
espacial, cósmico (adj)	კოსმოსური	k'osmosuri
espaço (m) cósmico	კოსმოსური სივრცე	k'osmosuri sivrtse
mundo (m)	მსოფლიო	msoplio
universo (m)	სამყარო	samqaro
galáxia (f)	გალაქტიკა	galakt'ik'a
estrela (f)	ვარსკვლავი	varsk'vlavi
constelação (f)	თანავარსკვლავედი	tanavarsk'vlavedi
planeta (m)	პლანეტა	p'lanet'a
satélite (m)	თანამგზავრი	tanamgzavri
meteorito (m)	მეტეორიტი	met'eorit'i
cometa (m)	კომეტა	k'omet'a
asteroide (m)	ასტეროიდი	ast'eroidi
órbita (f)	ორბიტა	orbit'a
girar (vi)	ბრუნვა	brunva
atmosfera (f)	ატმოსფერო	at'mospero
Sol (m)	მზე	mze
Sistema (m) Solar	მზის სისტემა	mzis sist'ema
eclipse (m) solar	მზის დაბნელება	mzis dabneleba
Terra (f)	დედამიწა	dedamits'a
Lua (f)	მთვარე	mtvare
Marte (m)	მარსი	marsi
Vênus (f)	ვენერა	venera
Júpiter (m)	იუპიტერი	iup'it'eri
Saturno (m)	სატურნი	sat'urni
Mercúrio (m)	მერკური	merk'uri
Urano (m)	ურანი	urani
Netuno (m)	ნეპტუნი	nep't'uni
Plutão (m)	პლუტონი	p'lut'oni
Via Láctea (f)	ირმის ნახტომი	irmis nakht'omi
Ursa Maior (f)	დიდი დათვი	didi datvi
Estrela Polar (f)	პოლარული ვარსკვლავი	p'olaruli varsk'vlavi
marciano (m)	მარსიელი	marsieli
extraterrestre (m)	უცხოპლანეტელი	utskhop'lanet'eli

alienígena (m)	სხვა სამყაროდან ჩამოსული	skhva samqarodan chamosuli
disco (m) voador	მფრინავი თეფში	mprinavi tepshi
espaçonave (f)	კოსმოსური ხომალდი	k'osmosuri khomaldi
estação (f) orbital	ორბიტალური სადგური	orbit'aluri sadguri
lançamento (m)	სტარტი	st'art'i
motor (m)	ძრავა	dzrava
bocal (m)	საქშენი	saksheni
combustível (m)	საწვავი	sats'vavi
cabine (f)	კაბინა	k'abina
antena (f)	ანტენა	ant'ena
vigia (f)	ილუმინატორი	iluminat'ori
bateria (f) solar	მზის ბატარეა	mzis bat'area
traje (m) espacial	სკაფანდრი	sk'apandri
imponderabilidade (f)	უწონადობა	uts'onadoba
oxigênio (m)	ჟანგბადი	zhangbadi
acoplagem (f)	შეერთება	sheerteba
fazer uma acoplagem	შეერთების წარმოება	sheertebis ts'armoeba
observatório (m)	ობსერვატორია	observat'oria
telescópio (m)	ტელესკოპი	t'elesk'op'i
observar (vt)	დაკვირვება	dak'virveba
explorar (vt)	გამოკვლევა	gamok'vleva

123. A Terra

Terra (f)	დედამიწა	dedamits'a
globo terrestre (Terra)	დედამიწის სფერო	dedamits'is spero
planeta (m)	პლანეტა	p'lanet'a
atmosfera (f)	ატმოსფერო	at'mospero
geografia (f)	გეოგრაფია	geograpia
natureza (f)	ბუნება	buneba
globo (mapa esférico)	გლობუსი	globusi
mapa (m)	რუქა	ruka
atlas (m)	ატლასი	at'lasi
Europa (f)	ევროპა	evrop'a
Ásia (f)	აზია	azia
África (f)	აფრიკა	aprik'a
Austrália (f)	ავსტრალია	avst'ralia
América (f)	ამერიკა	amerik'a
América (f) do Norte	ჩრდილოეთ ამერიკა	chrdiloet amerik'a
América (f) do Sul	სამხრეთ ამერიკა	samkhret amerik'a
Antártida (f)	ანტარქტიდა	ant'arkt'ida
Ártico (m)	არქტიკა	arkt'ik'a

124. Pontos cardeais

norte (m)	ჩრდილოეთი	chrdiloeti
para norte	ჩრდილოეთისკენ	chrdiloetisk'en
no norte	ჩრდილოეთში	chrdiloetshi
do norte (adj)	ჩრდილოეთის	chrdiloetis
sul (m)	სამხრეთი	samkhreti
para sul	სამხრეთისკენ	samkhretisk'en
no sul	სამხრეთში	samkhretshi
do sul (adj)	სამხრეთის	samkhretis
oeste, ocidente (m)	დასავლეთი	dasavleti
para oeste	დასავლეთისკენ	dasavletisk'en
no oeste	დასავლეთში	dasavletshi
ocidental (adj)	დასავლეთის	dasavletis
leste, oriente (m)	აღმოსავლეთი	aghmosavleti
para leste	აღმოსავლეთისკენ	aghmosavletisk'en
no leste	აღმოსავლეთში	aghmosavletshi
oriental (adj)	აღმოსავლეთის	aghmosavletis

125. Mar. Oceano

mar (m)	ზღვა	zghva
oceano (m)	ოკეანე	ok'eane
golfo (m)	ყურე	qure
estreito (m)	სრუტე	srut'e
continente (m)	მატერიკი	mat'erik'i
ilha (f)	კუნძული	k'undzuli
península (f)	ნახევარკუნძული	nakhevark'undzuli
arquipélago (m)	არქიპელაგი	arkip'elagi
baía (f)	ყურე	qure
porto (m)	ნავსადგური	navsadguri
lagoa (f)	ლაგუნა	laguna
cabo (m)	კონცხი	k'ontskhi
atol (m)	ატოლი	at'oli
recife (m)	რიფი	ripi
coral (m)	მარჯანი	marjani
recife (m) de coral	მარჯნის რიფი	marjnis ripi
profundo (adj)	ღრმა	ghrma
profundidade (f)	სიღრმე	sighrme
abismo (m)	უფსკრული	upsk'ruli
fossa (f) oceânica	ღრმული	ghrmuli
corrente (f)	დინება	dineba
banhar (vt)	გაბანა	gabana
litoral (m)	ნაპირი	nap'iri
costa (f)	სანაპირო	sanap'iro

maré (f) alta	მოქცევა	moktseva
refluxo (m)	მიქცევა	miktseva
restinga (f)	მეჩეჩი	mechechi
fundo (m)	ფსკერი	psk'eri

onda (f)	ტალღა	t'algha
crista (f) da onda	ტალღის ქოჩორი	t'alghis kochori
espuma (f)	ქაფი	kapi

tempestade (f)	ქარიშხალი	karishkhali
furacão (m)	გრიგალი	grigali
tsunami (m)	ცუნამი	tsunami
calmaria (f)	მყუდროება	mqudroeba
calmo (adj)	წყნარი	ts'qnari

| polo (m) | პოლუსი | p'olusi |
| polar (adj) | პოლარული | p'olaruli |

latitude (f)	განედი	ganedi
longitude (f)	გრძედი	grdzedi
paralela (f)	პარალელი	p'araleli
equador (m)	ეკვატორი	ek'vat'ori

céu (m)	ცა	tsa
horizonte (m)	ჰორიზონტი	horizont'i
ar (m)	ჰაერი	haeri

farol (m)	შუქურა	shukura
mergulhar (vi)	ყვინთვა	qvintva
afundar-se (vr)	ჩაძირვა	chadzirva
tesouros (m pl)	განძი	gandzi

126. Nomes de Mares e Oceanos

Oceano (m) Atlântico	ატლანტის ოკეანე	at'lant'is ok'eane
Oceano (m) Índico	ინდოეთის ოკეანე	indoetis ok'eane
Oceano (m) Pacífico	წყნარი ოკეანე	ts'qnari ok'eane
Oceano (m) Ártico	ჩრდილოეთის ყინულოვანი ოკეანე	chrdiloetis qinulovani ok'eane

Mar (m) Negro	შავი ზღვა	shavi zghva
Mar (m) Vermelho	წითელი ზღვა	ts'iteli zghva
Mar (m) Amarelo	ყვითელი ზღვა	qviteli zghva
Mar (m) Branco	თეთრი ზღვა	tetri zghva

Mar (m) Cáspio	კასპიის ზღვა	k'asp'iis zghva
Mar (m) Morto	მკვდარი ზღვა	mk'vdari zghva
Mar (m) Mediterrâneo	ხმელთაშუა ზღვა	khmeltashua zghva

| Mar (m) Egeu | ეგეოსის ზღვა | egeosis zghva |
| Mar (m) Adriático | ადრიატიკის ზღვა | adriat'ik'is zghva |

| Mar (m) Arábico | არავიის ზღვა | araviis zghva |
| Mar (m) do Japão | იაპონიის ზღვა | iap'oniis zghva |

Mar (m) de Bering	ბერინგის ზღვა	beringis zghva
Mar (m) da China Meridional	სამხრეთ-ჩინეთის ზღვა	samkhret-chinetis zghva
Mar (m) de Coral	მარჯნის ზღვა	marjnis zghva
Mar (m) de Tasman	ტასმანიის ზღვა	t'asmaniis zghva
Mar (m) do Caribe	კარიბის ზღვა	k'aribis zghva
Mar (m) de Barents	ბარენცის ზღვა	barentsis zghva
Mar (m) de Kara	კარსის ზღვა	k'arsis zghva
Mar (m) do Norte	ჩრდილოეთის ზღვა	chrdiloetis zghva
Mar (m) Báltico	ბალტიის ზღვა	balt'iis zghva
Mar (m) da Noruega	ნორვეგიის ზღვა	norvegiis zghva

127. Montanhas

montanha (f)	მთა	mta
cordilheira (f)	მთების ჯაჭვი	mtebis jach'vi
serra (f)	მთის ქედი	mtis kedi
cume (m)	მწვერვალი	mts'vervali
pico (m)	პიკი	p'ik'i
pé (m)	მთის ძირი	mtis dziri
declive (m)	ფერდობი	perdobi
vulcão (m)	ვულკანი	vulk'ani
vulcão (m) ativo	მოქმედი ვულკანი	mokmedi vulk'ani
vulcão (m) extinto	ჩამქრალი ვულკანი	chamkrali vulk'ani
erupção (f)	ამოფრქვევა	amoprkveva
cratera (f)	კრატერი	k'rat'eri
magma (m)	მაგმა	magma
lava (f)	ლავა	lava
fundido (lava ~a)	გავარვარებული	gavarvarebuli
cânion, desfiladeiro (m)	კანიონი	k'anioni
garganta (f)	ხეობა	kheoba
fenda (f)	ნაპრალი	nap'rali
passo, colo (m)	უღელტეხილი	ughelt'ekhili
planalto (m)	პლატო	p'lat'o
falésia (f)	კლდე	k'lde
colina (f)	ბორცვი	bortsvi
geleira (f)	მყინვარი	mqinvari
cachoeira (f)	ჩანჩქერი	chanchkeri
gêiser (m)	გეიზერი	geizeri
lago (m)	ტბა	t'ba
planície (f)	ვაკე	vak'e
paisagem (f)	პეიზაჟი	p'eizazhi
eco (m)	ექო	eko
alpinista (m)	ალპინისტი	alp'inist'i
escalador (m)	მთასვლელი	mtasvleli

conquistar (vt)	დაპყრობა	dap'qroba
subida, escalada (f)	ასვლა	asvla

128. Nomes de montanhas

Alpes (m pl)	ალპები	alp'ebi
Monte Branco (m)	მონბლანი	monblani
Pirineus (m pl)	პირენეები	p'ireneebi
Cárpatos (m pl)	კარპატები	k'arp'at'ebi
Urais (m pl)	ურალის მთები	uralis mtebi
Cáucaso (m)	კავკასია	k'avk'asia
Elbrus (m)	იალბუზი	ialbuzi
Altai (m)	ალტაი	alt'ai
Tian Shan (m)	ტიან-შანი	t'ian-shani
Pamir (m)	პამირი	p'amiri
Himalaia (m)	ჰიმალაი	himalai
monte Everest (m)	ევერესტი	everest'i
Cordilheira (f) dos Andes	ანდები	andebi
Kilimanjaro (m)	კილიმანჯარო	k'ilimanjaro

129. Rios

rio (m)	მდინარე	mdinare
fonte, nascente (f)	წყარო	ts'qaro
leito (m) de rio	კალაპოტი	k'alap'ot'i
bacia (f)	აუზი	auzi
desaguar no …	ჩადინება	chadineba
afluente (m)	შენაკადი	shenak'adi
margem (do rio)	ნაპირი	nap'iri
corrente (f)	დინება	dineba
rio abaixo	დინების ქვემოთ	dinebis kvemot
rio acima	დინების ზემოთ	dinebis zemot
inundação (f)	წყალდიდობა	ts'qaldidoba
cheia (f)	წყალდიდობა	ts'qaldidoba
transbordar (vi)	გადმოსვლა	gadmosvla
inundar (vt)	დატბორვა	dat'borva
banco (m) de areia	თავთხელი	tavtkheli
corredeira (f)	ზღურბლი	zghurbli
barragem (f)	კაშხალი	k'ashkhali
canal (m)	არხი	arkhi
reservatório (m) de água	წყალსაცავი	ts'qalsatsavi
eclusa (f)	რაბი	rabi
corpo (m) de água	წყალსატევი	ts'qalsat'evi
pântano (m)	ჭაობი	ch'aobi

| lamaçal (m) | ჯანჯრობი | ch'anch'robi |
| redemoinho (m) | მორევი | morevi |

riacho (m)	ნაკადული	nak'aduli
potável (adj)	სასმელი	sasmeli
doce (água)	მტკნარი	mt'k'nari

| gelo (m) | ყინული | qinuli |
| congelar-se (vr) | გაყინვა | gaqinva |

130. Nomes de rios

| rio Sena (m) | სენა | sena |
| rio Loire (m) | ლუარა | luara |

rio Tâmisa (m)	ტემზა	t'emza
rio Reno (m)	რეინი	reini
rio Danúbio (m)	დუნაი	dunai

rio Volga (m)	ვოლგა	volga
rio Don (m)	დონი	doni
rio Lena (m)	ლენა	lena

rio Amarelo (m)	ხუანხე	khuankhe
rio Yangtzé (m)	იანძი	iandzi
rio Mekong (m)	მეკონგი	mek'ongi
rio Ganges (m)	განგი	gangi

rio Nilo (m)	ნილოსი	nilosi
rio Congo (m)	კონგო	k'ongo
rio Cubango (m)	ოკავანგო	ok'avango
rio Zambeze (m)	ზამბეზი	zambezi
rio Limpopo (m)	ლიმპოპო	limp'op'o
rio Mississippi (m)	მისისიპი	misisip'i

131. Floresta

| floresta (f), bosque (m) | ტყე | t'qe |
| florestal (adj) | ტყის | t'qis |

mata (f) fechada	ტევრი	t'evri
arvoredo (m)	ჭალა	ch'ala
clareira (f)	მინდორი	mindori

| matagal (m) | ბარდები | bardebi |
| mato (m), caatinga (f) | ბუჩქნარი | buchknari |

| pequena trilha (f) | ბილიკი | bilik'i |
| ravina (f) | ხევი | khevi |

| árvore (f) | ხე | khe |
| folha (f) | ფოთოლი | potoli |

folhagem (f)	ფოთლეული	potleuli
queda (f) das folhas	ფოთოლცვენა	potoltsvena
cair (vi)	ცვენა	tsvena
topo (m)	კენწერო	k'ents'ero

ramo (m)	ტოტი	t'ot'i
galho (m)	ნუჟრი	nuzhri
botão (m)	კვირტი	k'virt'i
agulha (f)	წიწვი	ts'its'vi
pinha (f)	გირჩი	girchi

buraco (m) de árvore	ფუღურო	pughuro
ninho (m)	ბუდე	bude
toca (f)	სორო	soro

tronco (m)	ტანი	t'ani
raiz (f)	ფესვი	pesvi
casca (f) de árvore	ქერქი	kerki
musgo (m)	ხავსი	khavsi

arrancar pela raiz	ამოძირკვა	amodzirk'va
cortar (vt)	მოჭრა	moch'ra
desflorestar (vt)	გაჩეხვა	gachekhva
toco, cepo (m)	კუნდი	k'undzi

fogueira (f)	კოცონი	k'otsoni
incêndio (m) florestal	ხანძარი	khandzari
apagar (vt)	ჩაქრობა	chakroba

guarda-parque (m)	მეტყეve	met'qeve
proteção (f)	დაცვა	datsva
proteger (a natureza)	დაცვა	datsva
caçador (m) furtivo	ბრაკონიერი	brak'onieri
armadilha (f)	ხაფანგი	khapangi

colher (cogumelos, bagas)	კრეფა	k'repa
perder-se (vr)	გზის დაბნევა	gzis dabneva

132. Recursos naturais

recursos (m pl) naturais	ბუნებრივი რესურსები	bunebrivi resursebi
minerais (m pl)	სასარგებლო წიაღისეული	sasargeblo ts'iaghiseuli
depósitos (m pl)	საბადო	sabado
jazida (f)	საბადო	sabado

extrair (vt)	მოპოვება	mop'oveba
extração (f)	მოპოვება	mop'oveba
minério (m)	მადანი	madani
mina (f)	მადნეული	madneuli
poço (m) de mina	შახტი	shakht'i
mineiro (m)	მეშახტე	meshakht'e

gás (m)	გაზი	gazi
gasoduto (m)	გაზსადენი	gazsadeni

petróleo (m)	ნავთობი	navtobi
oleoduto (m)	ნავთობსადენი	navtobsadeni
poço (m) de petróleo	ნავთობის კოშკურა	navtobis k'oshk'ura
torre (f) petrolífera	საბურღი კოშკურა	saburghi k'oshk'ura
petroleiro (m)	ტანკერი	t'ank'eri

areia (f)	ქვიშა	kvisha
calcário (m)	კირქვა	k'irkva
cascalho (m)	ხრეში	khreshi
turfa (f)	ტორფი	t'orpi
argila (f)	თიხა	tikha
carvão (m)	ქვანახშირი	kvanakhshiri

ferro (m)	რკინა	rk'ina
ouro (m)	ოქრო	okro
prata (f)	ვერცხლი	vertskhli
níquel (m)	ნიკელი	nik'eli
cobre (m)	სპილენძი	sp'ilendzi

zinco (m)	თუთია	tutia
manganês (m)	მარგანეცი	marganetsi
mercúrio (m)	ვერცხლისწყალი	vertskhlists'qali
chumbo (m)	ტყვია	t'qvia

mineral (m)	მინერალი	minerali
cristal (m)	კრისტალი	k'rist'ali
mármore (m)	მარმარილო	marmarilo
urânio (m)	ურანი	urani

A Terra. Parte 2

133. Tempo

tempo (m)	ამინდი	amindi
previsão (f) do tempo	ამინდის პროგნოზი	amindis p'rognozi
temperatura (f)	ტემპერატურა	t'emp'erat'ura
termômetro (m)	თერმომეტრი	termomet'ri
barômetro (m)	ბარომეტრი	baromet'ri
umidade (f)	ტენიანობა	t'enianoba
calor (m)	სიცხე	sitskhe
tórrido (adj)	ცხელი	tskheli
está muito calor	ცხელი	tskheli
está calor	თბილა	tbila
quente (morno)	თბილი	tbili
está frio	სიცივე	sitsive
frio (adj)	ცივი	tsivi
sol (m)	მზე	mze
brilhar (vi)	ანათებს	anatebs
de sol, ensolarado	მზიანი	mziani
nascer (vi)	ამოსვლა	amosvla
pôr-se (vr)	ჩასვლა	chasvla
nuvem (f)	ღრუბელი	ghrubeli
nublado (adj)	ღრუბლიანი	ghrubliani
nuvem (f) preta	ღრუბელი	ghrubeli
escuro, cinzento (adj)	მოღრუბლული	moghrubluli
chuva (f)	წვიმა	ts'vima
está a chover	წვიმა მოდის	ts'vima modis
chuvoso (adj)	წვიმიანი	ts'vimiani
chuviscar (vi)	ჟინჟღვლა	zhinzhghvla
chuva (f) torrencial	კოკისპირული	k'ok'isp'iruli
aguaceiro (m)	თავსხმა	tavskhma
forte (chuva, etc.)	ძლიერი	dzlieri
poça (f)	გუბე	gube
molhar-se (vr)	დასველება	dasveleba
nevoeiro (m)	ნისლი	nisli
de nevoeiro	ნისლიანი	nisliani
neve (f)	თოვლი	tovli
está nevando	თოვლი მოდის	tovli modis

134. Tempo extremo. Catástrofes naturais

trovoada (f)	ჭექა	ch'eka
relâmpago (m)	მეხი	mekhi
relampejar (vi)	ელვარება	elvareba
trovão (m)	ქუხილი	kukhili
trovejar (vi)	ქუხილი	kukhili
está trovejando	ქუხს	kukhs
granizo (m)	სეტყვა	set'qva
está caindo granizo	სეტყვა მოდის	set'qva modis
inundar (vt)	წალეკვა	ts'alek'va
inundação (f)	წყალდიდობა	ts'qaldidoba
terremoto (m)	მიწისძვრა	mits'isdzvra
abalo, tremor (m)	ბიძგი	bidzgi
epicentro (m)	ეპიცენტრი	ep'itsent'ri
erupção (f)	ამოფრქვევა	amoprkveva
lava (f)	ლავა	lava
tornado (m)	გრიგალი	grigali
tornado (m)	ტორნადო	t'ornado
tufão (m)	ტაიფუნი	t'aipuni
furacão (m)	გრიგალი	grigali
tempestade (f)	ქარიშხალი	karishkhali
tsunami (m)	ცუნამი	tsunami
ciclone (m)	ციკლონი	tsik'loni
mau tempo (m)	უამინდობა	uamindoba
incêndio (m)	ხანძარი	khandzari
catástrofe (f)	კატასტროფა	k'at'ast'ropa
meteorito (m)	მეტეორიტი	met'eorit'i
avalanche (f)	ზვავი	zvavi
deslizamento (m) de neve	ჩამოქცევა	chamoktseva
nevasca (f)	ქარბუქი	karbuki
tempestade (f) de neve	ბუქი	buki

Fauna

135. Mamíferos. Predadores

predador (m)	მტაცებელი	mt'atsebeli
tigre (m)	ვეფხვი	vepkhvi
leão (m)	ლომი	lomi
lobo (m)	მგელი	mgeli
raposa (f)	მელა	mela
jaguar (m)	იაგუარი	iaguari
leopardo (m)	ლეოპარდი	leop'ardi
chita (f)	გეპარდი	gep'ardi
pantera (f)	ავაზა	avaza
puma (m)	პუმა	p'uma
leopardo-das-neves (m)	თოვლის ჯიქი	tovlis jiki
lince (m)	ფოცხვერი	potskhveri
coiote (m)	კოიოტი	k'oiot'i
chacal (m)	ტურა	t'ura
hiena (f)	გიენა	giena

136. Animais selvagens

animal (m)	ცხოველი	tskhoveli
besta (f)	მხეცი	mkhetsi
esquilo (m)	ციყვი	tsiqvi
ouriço (m)	ზღარბი	zgharbi
lebre (f)	კურდღელი	k'urdgheli
coelho (m)	ბოცვერი	botsveri
texugo (m)	მაჩვი	machvi
guaxinim (m)	ენოტი	enot'i
hamster (m)	ზაზუნა	zazuna
marmota (f)	ზაზუნა	zazuna
toupeira (f)	თხუნელა	tkhunela
rato (m)	თაგვი	tagvi
ratazana (f)	ვირთხა	virtkha
morcego (m)	ღამურა	ghamura
arminho (m)	ყარყუმი	qarqumi
zibelina (f)	სიასამური	siasamuri
marta (f)	კვერნა	k'verna
doninha (f)	სინდიოფალა	sindiopala
visom (m)	წაულა	ts'aula

| castor (m) | თახვი | takhvi |
| lontra (f) | წავი | ts'avi |

cavalo (m)	ცხენი	tskheni
alce (m)	ცხენ-ირემი	tskhen-iremi
veado (m)	ირემი	iremi
camelo (m)	აქლემი	aklemi

bisão (m)	ბიზონი	bizoni
auroque (m)	დომბა	domba
búfalo (m)	კამეჩი	k'amechi

zebra (f)	ზებრა	zebra
antílope (m)	ანტილოპა	ant'ilop'a
corça (f)	შველი	shveli
gamo (m)	ფურ-ირემი	pur-iremi
camurça (f)	ქურციკი	kurtsik'i
javali (m)	ტახი	t'akhi

baleia (f)	ვეშაპი	veshap'i
foca (f)	სელაპი	selap'i
morsa (f)	ლომვეშაპი	lomveshap'i
urso-marinho (m)	ზღვის კატა	zghvis k'at'a
golfinho (m)	დელფინი	delpini

urso (m)	დათვი	datvi
urso (m) polar	თეთრი დათვი	tetri datvi
panda (m)	პანდა	p'anda

macaco (m)	მაიმუნი	maimuni
chimpanzé (m)	შიმპანზე	shimp'anze
orangotango (m)	ორანგუტანი	orangut'ani
gorila (m)	გორილა	gorila
macaco (m)	მაკაკა	mak'ak'a
gibão (m)	გიბონი	giboni

elefante (m)	სპილო	sp'ilo
rinoceronte (m)	მარტორქა	mart'orka
girafa (f)	ჟირაფი	zhirapi
hipopótamo (m)	ბეჰემოთი	behemoti

| canguru (m) | კენგურუ | k'enguru |
| coala (m) | კოალა | k'oala |

mangusto (m)	მანგუსტი	mangust'i
chinchila (f)	შინშილა	shinshila
cangambá (f)	თრითინა	tritina
porco-espinho (m)	მაჩვზღარბა	machvzgharba

137. Animais domésticos

gata (f)	კატა	k'at'a
gato (m) macho	ხვადი კატა	khvadi k'at'a
cavalo (m)	ცხენი	tskheni

| garanhão (m) | ულაყი | ulaqi |
| égua (f) | ფაშატი | pashat'i |

vaca (f)	ძროხა	dzrokha
touro (m)	ხარი	khari
boi (m)	ხარი	khari

ovelha (f)	დედალი ცხვარი	dedali tskhvari
carneiro (m)	ცხვარი	tskhvari
cabra (f)	თხა	tkha
bode (m)	ვაცი	vatsi

| burro (m) | ვირი | viri |
| mula (f) | ჯორი | jori |

porco (m)	ღორი	ghori
leitão (m)	გოჭი	goch'i
coelho (m)	ბოცვერი	botsveri

| galinha (f) | ქათამი | katami |
| galo (m) | მამალი | mamali |

pata (f), pato (m)	იხვი	ikhvi
pato (m)	მამალი იხვი	mamali ikhvi
ganso (m)	ბატი	bat'i

| peru (m) | ინდაური | indauri |
| perua (f) | დედალი ინდაური | dedali indauri |

animais (m pl) domésticos	შინაური ცხოველები	shinauri tskhovelebi
domesticado (adj)	მოშინაურებული	moshinaurebuli
domesticar (vt)	მოშინაურება	moshinaureba
criar (vt)	გამოზრდა	gamozrda

fazenda (f)	ფერმა	perma
aves (f pl) domésticas	შინაური ფრინველი	shinauri prinveli
gado (m)	საქონელი	sakoneli
rebanho (m), manada (f)	ჯოგი	jogi

estábulo (m)	თავლა	tavla
chiqueiro (m)	საღორე	saghore
estábulo (m)	ბოსელი	boseli
coelheira (f)	საკურდღლე	sak'urdghle
galinheiro (m)	საქათმე	sakatme

138. Pássaros

pássaro (m), ave (f)	ფრინველი	prinveli
pombo (m)	მტრედი	mt'redi
pardal (m)	ბეღურა	beghura
chapim-real (m)	წიწკანა	ts'its'k'ana
pega-rabuda (f)	კაჭკაჭი	k'ach'k'ach'i
corvo (m)	ყვავი	qvavi
gralha-cinzenta (f)	ყვავი	qvavi

gralha-de-nuca-cinzenta (f)	ჭკა	ch'k'a
gralha-calva (f)	ჭილყვავი	ch'ilqvavi
pato (m)	იხვი	ikhvi
ganso (m)	ბატი	bat'i
faisão (m)	ხოხობი	khokhobi
águia (f)	არწივი	arts'ivi
açor (m)	ქორი	kori
falcão (m)	შევარდენი	shevardeni
abutre (m)	ორბი	orbi
condor (m)	კონდორი	k'ondori
cisne (m)	გედი	gedi
grou (m)	წერო	ts'ero
cegonha (f)	ყარყატი	qarqat'i
papagaio (m)	თუთიყუში	tutiqushi
beija-flor (m)	კოლიბრი	k'olibri
pavão (m)	ფარშევანგი	parshevangi
avestruz (m)	სირაქლემა	siraklema
garça (f)	ყანჩა	qancha
flamingo (m)	ფლამინგო	plamingo
pelicano (m)	ვარხვი	varkhvi
rouxinol (m)	ბულბული	bulbuli
andorinha (f)	მერცხალი	mertskhali
tordo-zornal (m)	შაშვი	shashvi
tordo-músico (m)	შაშვი მგალობელი	shashvi mgalobeli
melro-preto (m)	შავი შაშვი	shavi shashvi
andorinhão (m)	ნამგალა	namgala
cotovia (f)	ტოროლა	t'orola
codorna (f)	მწყერი	mts'qeri
pica-pau (m)	კოდალა	k'odala
cuco (m)	გუგული	guguli
coruja (f)	ბუ	bu
bufo-real (m)	ჭოტი	ch'ot'i
tetraz-grande (m)	ყრუანჩელა	qruanchela
tetraz-lira (m)	როჭო	roch'o
perdiz-cinzenta (f)	კაკაბი	k'ak'abi
estorninho (m)	შოშია	shoshia
canário (m)	იადონი	iadoni
galinha-do-mato (f)	გნოლქათამა	gnolkatama
tentilhão (m)	სკვინჩა	sk'vincha
dom-fafe (m)	სტვენია	st'venia
gaivota (f)	თოლია	tolia
albatroz (m)	ალბატროსი	albat'rosi
pinguim (m)	პინგვინი	p'ingvini

139. Peixes. Animais marinhos

brema (f)	კაპარჭინა	k'ap'arch'ina
carpa (f)	კობრი	k'obri
perca (f)	ქორჭილა	korch'ila
siluro (m)	ლოქო	loko
lúcio (m)	ქარიყლაპია	kariqlap'ia
salmão (m)	ორაგული	oraguli
esturjão (m)	თართი	tarti
arenque (m)	ქაშაყი	kashaqi
salmão (m) do Atlântico	გოჯი	goji
cavala, sarda (f)	სკუმბრია	sk'umbria
solha (f), linguado (m)	კამბალა	k'ambala
lúcio perca (m)	ფარგა	parga
bacalhau (m)	ვირთევზა	virtevza
atum (m)	თინუსი	tinusi
truta (f)	კალმახი	k'almakhi
enguia (f)	გველთევზა	gveltevza
raia (f) elétrica	ელექტრული სკაროსი	elekt'ruli sk'arosi
moreia (f)	მურენა	murena
piranha (f)	პირანია	p'irania
tubarão (m)	ზვიგენი	zvigeni
golfinho (m)	დელფინი	delpini
baleia (f)	ვეშაპი	veshap'i
caranguejo (m)	კიბორჩხალა	k'iborchkhala
água-viva (f)	მედუზა	meduza
polvo (m)	რვაფეხა	rvapekha
estrela-do-mar (f)	ზღვის ვარსკვლავი	zghvis varsk'vlavi
ouriço-do-mar (m)	ზღვის ზღარბი	zghvis zgharbi
cavalo-marinho (m)	ცხენთევზა	tskhentevza
ostra (f)	ხამანწკა	khamants'k'a
camarão (m)	კრევეტი	k'revet'i
lagosta (f)	ასთაკვი	astak'vi
lagosta (f)	ლანგუსტი	langust'i

140. Anfíbios. Répteis

cobra (f)	გველი	gveli
venenoso (adj)	შხამიანი	shkhamiani
víbora (f)	გველგესლა	gvelgesla
naja (f)	კობრა	k'obra
píton (m)	პითონი	p'itoni
jiboia (f)	მახრჩობელა გველი	makhrchobela gveli
cobra-de-água (f)	ანკარა	ank'ara

| cascavel (f) | ჩხრიალა გველი | chkhriala gveli |
| anaconda (f) | ანაკონდა | anak'onda |

lagarto (m)	ხვლიკი	khvlik'i
iguana (f)	იგუანა	iguana
varano (m)	ვარანი	varani
salamandra (f)	სალამანდრა	salamandra
camaleão (m)	ქამელეონი	kameleoni
escorpião (m)	მორიელი	morieli

tartaruga (f)	კუ	k'u
rã (f)	ბაყაყი	baqaqi
sapo (m)	გომბეშო	gombesho
crocodilo (m)	ნიანგი	niangi

141. Insetos

inseto (m)	მწერი	mts'eri
borboleta (f)	პეპელა	p'ep'ela
formiga (f)	ჭიანჭველა	ch'ianch'vela
mosca (f)	ბუზი	buzi
mosquito (m)	კოღო	k'ogho
escaravelho (m)	ხოჭო	khoch'o

vespa (f)	ბზიკი	bzlk'i
abelha (f)	ფუტკარი	put'k'ari
mamangaba (f)	კელა	k'ela
moscardo (m)	კრაზანა	k'razana

| aranha (f) | ობობა | oboba |
| teia (f) de aranha | აბლაბუდა | ablabuda |

libélula (f)	ჭრიჭინა	ch'rich'ina
gafanhoto (m)	კალია	k'alia
traça (f)	ფარვანა	parvana

barata (f)	აბანოს ჭია	abanos ch'ia
carrapato (m)	ტკიპა	t'k'ip'a
pulga (f)	რწყილი	rts'qili
borrachudo (m)	ქინქლა	kinkla

gafanhoto (m)	კალია	k'alia
caracol (m)	ლოკოკინა	lok'ok'ina
grilo (m)	ჭრიჭინა	ch'rich'ina
pirilampo, vaga-lume (m)	ციცინათელა	tsitsinatela
joaninha (f)	ჭია მაია	ch'ia maia
besouro (m)	მაისის ხოჭო	maisis khoch'o

sanguessuga (f)	წურბელა	ts'urbela
lagarta (f)	მუხლუხი	mukhlukhi
minhoca (f)	ჭია	ch'ia
larva (f)	მატლი	mat'li

Flora

142. Árvores

árvore (f)	ხე	khe
decídua (adj)	ფოთლოვანი	potlovani
conífera (adj)	წიწვოვანი	ts'its'vovani
perene (adj)	მარადმწვანე	maradmts'vane
macieira (f)	ვაშლის ხე	vashlis khe
pereira (f)	მსხალი	mskhali
cerejeira (f)	ბალი	bali
ginjeira (f)	ალუბალი	alubali
ameixeira (f)	ქლიავი	kliavi
bétula (f)	არყის ხე	arqis khe
carvalho (m)	მუხა	mukha
tília (f)	ცაცხვი	tsatskhvi
choupo-tremedor (m)	ვერხვი	verkhvi
bordo (m)	ნეკერჩხალი	nek'erchkhali
espruce (m)	ნაძვის ხე	nadzvis khe
pinheiro (m)	ფიჭვი	pich'vi
alerce, lariço (m)	ლარიქსი	lariksi
abeto (m)	სოჭი	soch'i
cedro (m)	კედარი	k'edari
choupo, álamo (m)	ალვის ხე	alvis khe
tramazeira (f)	ცირცელი	tsirtseli
salgueiro (m)	ტირიფი	t'iripi
amieiro (m)	მურყანი	murqani
faia (f)	წიფელი	ts'ipeli
ulmeiro, olmo (m)	თელა	tela
freixo (m)	იფანი	ipani
castanheiro (m)	წაბლი	ts'abli
magnólia (f)	მაგნოლია	magnolia
palmeira (f)	პალმა	p'alma
cipreste (m)	კვიპაროსი	k'vip'arosi
mangue (m)	მანგოს ხე	mangos khe
embondeiro, baobá (m)	ბაობაბი	baobabi
eucalipto (m)	ევკალიპტი	evk'alip't'i
sequoia (f)	სექვოია	sekvoia

143. Arbustos

arbusto (m)	ბუჩქი	buchki
arbusto (m), moita (f)	ბუჩქნარი	buchknari

videira (f)	ყურძენი	qurdzeni
vinhedo (m)	ვენახი	venakhi

framboeseira (f)	ჟოლო	zholo
groselheira-vermelha (f)	წითელი მოცხარი	ts'iteli motskhari
groselheira (f) espinhosa	ხურტკმელი	khurt'k'meli

acácia (f)	აკაცია	ak'atsia
bérberis (f)	კოწახური	k'ots'akhuri
jasmim (m)	ჟასმინი	zhasmini

junípero (m)	ღვია	ghvia
roseira (f)	ვარდის ბუჩქი	vardis buchki
roseira (f) brava	ასკილი	ask'ili

144. Frutos. Bagas

maçã (f)	ვაშლი	vashli
pera (f)	მსხალი	mskhali
ameixa (f)	ქლიავი	kliavi
morango (m)	მარწყვი	marts'qvi
ginja (f)	ალუბალი	alubali
cereja (f)	ბალი	bali
uva (f)	ყურძენი	qurdzeni

framboesa (f)	ჟოლო	zholo
groselha (f) negra	შავი მოცხარი	shavi motskhari
groselha (f) vermelha	წითელი მოცხარი	ts'iteli motskhari
groselha (f) espinhosa	ხურტკმელი	khurt'k'meli
oxicoco (m)	შტოში	sht'oshi
laranja (f)	ფორთოხალი	portokhali
tangerina (f)	მანდარინი	mandarini
abacaxi (m)	ანანასი	ananasi
banana (f)	ბანანი	banani
tâmara (f)	ფინიკი	pinik'i

limão (m)	ლიმონი	limoni
damasco (m)	გარგარი	gargari
pêssego (m)	ატამი	at'ami
quiuí (m)	კივი	k'ivi
toranja (f)	გრეიფრუტი	greiprut'i

baga (f)	კენკრა	k'enk'ra
bagas (f pl)	კენკრა	k'enk'ra
arando (m) vermelho	წითელი მოცვი	ts'iteli motsvi
morango-silvestre (m)	მარწყვი	marts'qvi
mirtilo (m)	მოცვი	motsvi

145. Flores. Plantas

flor (f)	ყვავილი	qvavili
buquê (m) de flores	თაიგული	taiguli

rosa (f)	ვარდი	vardi
tulipa (f)	ტიტა	t'it'a
cravo (m)	მიხაკი	mikhak'i
gladíolo (m)	გლადიოლუსი	gladiolusi

centáurea (f)	ღიღილო	ghighilo
campainha (f)	მაჩიტა	machit'a
dente-de-leão (m)	ბაბუაწვერა	babuats'vera
camomila (f)	გვირილა	gvirila

aloé (m)	ალოე	aloe
cacto (m)	კაქტუსი	k'akt'usi
fícus (m)	ფიკუსი	pik'usi

lírio (m)	შროშანი	shroshani
gerânio (m)	ნემსიწვერა	nemsits'vera
jacinto (m)	ჰიაცინტი	hiatsint'i

mimosa (f)	მიმოზა	mimoza
narciso (m)	ნარგიზი	nargizi
capuchinha (f)	ნასტურცია	nast'urtsia

orquídea (f)	ორქიდეა	orkidea
peônia (f)	იორდასალამი	iordasalami
violeta (f)	ია	ia

amor-perfeito (m)	სამფერა ია	sampera ia
não-me-esqueças (m)	კესანე	k'esane
margarida (f)	ზიზილა	zizila

papoula (f)	ყაყაჩო	qaqacho
cânhamo (m)	კანაფი	k'anapi
hortelã, menta (f)	პიტნა	p'it'na

lírio-do-vale (m)	შროშანა	shroshana
campânula-branca (f)	ენძელა	endzela

urtiga (f)	ჭინჭარი	ch'inch'ari
azedinha (f)	მჟაუნა	mzhauna
nenúfar (m)	წყლის შროშანი	ts'qlis shroshani
samambaia (f)	გვიმრა	gvimra
líquen (m)	ლიქენა	likena

estufa (f)	ორანჟერეა	oranzherea
gramado (m)	გაზონი	gazoni
canteiro (m) de flores	ყვავილნარი	qvavilnari

planta (f)	მცენარე	mtsenare
grama (f)	ბალახი	balakhi
folha (f) de grama	ბალახის ღერო	balakhis ghero

folha (f)	ფოთოლი	potoli
pétala (f)	ფურცელი	purtseli
talo (m)	ღერო	ghero
tubérculo (m)	ბოლქვი	bolkvi
broto, rebento (m)	ღივი	ghivi

espinho (m)	ეკალი	ek'ali
florescer (vi)	ყვავილობა	qvaviloba
murchar (vi)	ჭკნობა	ch'k'noba
cheiro (m)	სუნი	suni
cortar (flores)	მოჭრა	moch'ra
colher (uma flor)	მოწყვეტა	mots'qvet'a

146. Cereais, grãos

grão (m)	მარცვალი	martsvali
cereais (plantas)	მარცვლეული მცენარე	martsvleuli mtsenare
espiga (f)	თავთავი	tavtavi

trigo (m)	ხორბალი	khorbali
centeio (m)	ჭვავი	ch'vavi
aveia (f)	შვრია	shvria
painço (m)	ფეტვი	pet'vi
cevada (f)	ქერი	keri

milho (m)	სიმინდი	simindi
arroz (m)	ბრინჯი	brinji
trigo-sarraceno (m)	წიწიბურა	ts'its'ibura

ervilha (f)	ბარდა	barda
feijão (m) roxo	ლობიო	lobio
soja (f)	სოია	soia
lentilha (f)	ოსპი	osp'i
feijão (m)	პარკები	p'ark'ebi

PAÍSES. NACIONALIDADES

147. Europa Ocidental

| Europa (f) | ევროპა | evrop'a |
| União (f) Europeia | ევროპის კავშირი | evrop'is k'avshiri |

Áustria (f)	ავსტრია	avst'ria
Grã-Bretanha (f)	დიდი ბრიტანეთი	didi brit'aneti
Inglaterra (f)	ინგლისი	inglisi
Bélgica (f)	ბელგია	belgia
Alemanha (f)	გერმანია	germania

Países Baixos (m pl)	ნიდერლანდები	niderlandebi
Holanda (f)	ჰოლანდია	holandia
Grécia (f)	საბერძნეთი	saberdzneti
Dinamarca (f)	დანია	dania
Irlanda (f)	ირლანდია	irlandia
Islândia (f)	ისლანდია	islandia

Espanha (f)	ესპანეთი	esp'aneti
Itália (f)	იტალია	it'alia
Chipre (m)	კვიპროსი	k'vip'rosi
Malta (f)	მალტა	malt'a

Noruega (f)	ნორვეგია	norvegia
Portugal (m)	პორტუგალია	p'ort'ugalia
Finlândia (f)	ფინეთი	pineti
França (f)	საფრანგეთი	saprangeti

Suécia (f)	შვეცია	shvetsia
Suíça (f)	შვეიცარია	shveitsaria
Escócia (f)	შოტლანდია	shot'landia

Vaticano (m)	ვატიკანი	vat'ik'ani
Liechtenstein (m)	ლიხტენშტეინი	likht'ensht'eini
Luxemburgo (m)	ლუქსემბურგი	luksemburgi
Mônaco (m)	მონაკო	monak'o

148. Europa Central e de Leste

Albânia (f)	ალბანეთი	albaneti
Bulgária (f)	ბულგარეთი	bulgareti
Hungria (f)	უნგრეთი	ungreti
Letônia (f)	ლატვია	lat'via

| Lituânia (f) | ლიტვა | lit'va |
| Polônia (f) | პოლონეთი | p'oloneti |

Romênia (f)	რუმინეთი	rumineti
Sérvia (f)	სერბია	serbia
Eslováquia (f)	სლოვაკია	slovak'ia

Croácia (f)	ხორვატია	khorvat'ia
República (f) Checa	ჩეხეთი	chekheti
Estônia (f)	ესტონეთი	est'oneti

Bósnia e Herzegovina (f)	ბოსნია და ჰერცოგოვინა	bosnia da hertsogovina
Macedônia (f)	მაკედონია	mak'edonia
Eslovênia (f)	სლოვენია	slovenia
Montenegro (m)	ჩერნოგორია	chernogoria

149. Países da ex-URSS

| Azerbaijão (m) | აზერბაიჯანი | azerbaijani |
| Armênia (f) | სომხეთი | somkheti |

Belarus	ბელორუსია	belorusia
Geórgia (f)	საქართველო	sakartvelo
Cazaquistão (m)	ყაზახეთი	qazakheti
Quirguistão (m)	ყირგიზეთი	qirgizeti
Moldávia (f)	მოლდოვა	moldova

| Rússia (f) | რუსეთი | ruseti |
| Ucrânia (f) | უკრაინა | uk'raina |

Tajiquistão (m)	ტაჯიკეთი	t'ajik'eti
Turquemenistão (m)	თურქმენეთი	turkmeneti
Uzbequistão (f)	უზბეკეთი	uzbek'eti

150. Asia

Ásia (f)	აზია	azia
Vietnã (m)	ვიეტნამი	viet'nami
Índia (f)	ინდოეთი	indoeti
Israel (m)	ისრაელი	israeli

China (f)	ჩინეთი	chineti
Líbano (m)	ლიბანი	libani
Mongólia (f)	მონღოლეთი	mongholeti

| Malásia (f) | მალაიზია | malaizia |
| Paquistão (m) | პაკისტანი | p'ak'ist'ani |

Arábia (f) Saudita	საუდის არაბეთი	saudis arabeti
Tailândia (f)	ტაილანდი	t'ailandi
Taiwan (m)	ტაივანი	t'aivani
Turquia (f)	თურქეთი	turketi
Japão (m)	იაპონია	iap'onia
Afeganistão (m)	ავღანეთი	avghaneti
Bangladesh (m)	ბანგლადეში	bangladeshi

Indonésia (f)	ინდონეზია	indonezia
Jordânia (f)	იორდანია	iordania
Iraque (m)	ერაყი	eraqi
Irã (m)	ირანი	irani
Camboja (f)	კამბოჯა	k'amboja
Kuwait (m)	კუვეიტი	k'uveit'i
Laos (m)	ლაოსი	laosi
Birmânia (f)	მიანმარი	mianmari
Nepal (m)	ნეპალი	nep'ali
Emirados Árabes Unidos	აგს	ags
Síria (f)	სირია	siria
Palestina (f)	პალესტინის ავტონომია	p'alest'inis avt'onomia
Coreia (f) do Sul	სამხრეთ კორეა	samkhret k'orea
Coreia (f) do Norte	ჩრდილოეთ კორეა	chrdiloet k'orea

151. América do Norte

Estados Unidos da América	ამერიკის შეერთებული შტატები	amerik'is sheertebuli sht'at'ebi
Canadá (m)	კანადა	k'anada
México (m)	მექსიკა	meksik'a

152. América Central do Sul

Argentina (f)	არგენტინა	argent'ina
Brasil (m)	ბრაზილია	brazilia
Colômbia (f)	კოლუმბია	k'olumbia
Cuba (f)	კუბა	k'uba
Chile (m)	ჩილე	chile
Bolívia (f)	ბოლივია	bolivia
Venezuela (f)	ვენესუელა	venesuela
Paraguai (m)	პარაგვაი	p'aragvai
Peru (m)	პერუ	p'eru
Suriname (m)	სურინამი	surinami
Uruguai (m)	ურუგვაი	urugvai
Equador (m)	ეკვადორი	ek'vadori
Bahamas (f pl)	ბაჰამის კუნძულები	bahamis k'undzulebi
Haiti (m)	ჰაიტი	hait'i
República Dominicana	დომინიკის რესპუბლიკა	dominik'is resp'ublik'a
Panamá (m)	პანამა	p'anama
Jamaica (f)	იამაიკა	iamaik'a

153. Africa

Egito (m)	ეგვიპტე	egvip't'e
Marrocos	მაროკო	marok'o
Tunísia (f)	ტუნისი	t'unisi

Gana (f)	განა	gana
Zanzibar (m)	ზანზიბარი	zanzibari
Quênia (f)	კენია	k'enia
Líbia (f)	ლივია	livia
Madagascar (m)	მადაგასკარი	madagask'ari

Namíbia (f)	ნამიბია	namibia
Senegal (m)	სენეგალი	senegali
Tanzânia (f)	ტანზანია	t'anzania
África (f) do Sul	სამხრეთ აფრიკის რესპუბლიკა	samkhret aprik'is resp'ublik'a

154. Austrália. Oceania

Austrália (f)	ავსტრალია	avst'ralia
Nova Zelândia (f)	ახალი ზელანდია	akhali zelandia

Tasmânia (f)	ტასმანია	t'asmania
Polinésia (f) Francesa	საფრანგეთის პოლინეზია	saprangetis p'olinezia

155. Cidades

Amesterdã, Amsterdã	ამსტერდამი	amst'erdami
Ancara	ანკარა	ank'ara
Atenas	ათენი	ateni
Bagdade	ბაღდადი	baghdadi
Bancoque	ბანკოკი	bank'ok'i

Barcelona	ბარსელონა	barselona
Beirute	ბეირუთი	beiruti
Berlim	ბერლინი	berlini
Bonn	ბონი	boni
Bordéus	ბორდო	bordo

Bratislava	ბრატისლავა	brat'islava
Bruxelas	ბრიუსელი	briuseli
Bucareste	ბუხარესტი	bukharest'i
Budapeste	ბუდაპეშტი	budap'esht'i
Cairo	კაირო	k'airo

Calcutá	კალკუტა	k'alk'ut'a
Chicago	ჩიკაგო	chik'ago
Cidade do México	მეხიკო	mekhik'o
Copenhague	კოპენჰაგენი	k'op'enhageni
Dar es Salaam	დარ-ეს-სალამი	dar-es-salami

Deli	დელი	deli
Dubai	დუბაი	dubai
Dublim	დუბლინი	dublini
Düsseldorf	დიუსელდორფი	diuseldorpi
Estocolmo	სტოკჰოლმი	st'ok'holmi
Florença	ფლორენცია	plorentsia
Frankfurt	ფრანკფურტი	prank'purt'i
Genebra	ჟენევა	zheneva
Haia	ჰააგა	haaga
Hamburgo	ჰამბურგი	hamburgi
Hanói	ჰანოი	hanoi
Havana	გავანა	gavana
Helsinque	ჰელსინკი	helsink'i
Hiroshima	ხიროსიმა	khirosima
Hong Kong	ჰონკონგი	honk'ongi
Istambul	სტამბული	st'ambuli
Jerusalém	იერუსალიმი	ierusalimi
Kiev, Quieve	კიევი	k'ievi
Kuala Lumpur	კუალა-ლუმპური	k'uala-lump'uri
Lion	ლიონი	lioni
Lisboa	ლისაბონი	lisaboni
Londres	ლონდონი	londoni
Los Angeles	ლოს-ანჟელესი	los-anzhelesi
Madrid	მადრიდი	madridi
Marselha	მარსელი	marseli
Miami	მაიამი	maiami
Montreal	მონრეალი	monreali
Moscou	მოსკოვი	mosk'ovi
Mumbai	ბომბეი	bombei
Munique	მიუნხენი	miunkheni
Nairóbi	ნაირობი	nairobi
Nápoles	ნეაპოლი	neap'oli
Nice	ნიცა	nitsa
Nova York	ნიუ-იორკი	niu-iork'i
Oslo	ოსლო	oslo
Ottawa	ოტავა	ot'ava
Paris	პარიზი	p'arizi
Pequim	პეკინი	p'ek'ini
Praga	პრაღა	p'ragha
Rio de Janeiro	რიო-დე-ჟანეირო	rio-de-zhaneiro
Roma	რომი	romi
São Petersburgo	სანკტ-პეტერბურგი	sank't'-p'et'erburgi
Seul	სეული	seuli
Singapura	სინგაპური	singap'uri
Sydney	სიდნეი	sidnei
Taipé	ტაიბეი	t'aibei
Tóquio	ტოკიო	t'ok'io
Toronto	ტორონტო	t'oront'o

Varsóvia	ვარშავა	varshava
Veneza	ვენეცია	venetsia
Viena	ვენა	vena
Washington	ვაშინგტონი	vashingt'oni
Xangai	შანხაი	shankhai

www.ingramcontent.com/pod-product-compliance
Lightning Source LLC
LaVergne TN
LVHW051741080426
835511LV00018B/3181